自然あそびで子どもの非認知能力が育つ

著 アウトドアプロデューサー
長谷部雅一

TOYOKAN BOOKS

はじめに

２０２０年より具体的に始まった教育改革。２０３０年に必要とされる人間の資質など、最近は多くのメディアで「教育2.0」と呼ばれる情報が耳に入るようになってきました。これからの教育に求められる資質の一端を担うキーワードは〝非認知能力〟です。私は数値化して評価できる現在の学校教育で習っているものを〝認知能力〟だと考え、「数値で評価できない、学校で習ったことを自由自在に使いこなす能力」を〝非認知能力〟ととらえています。

つまり、認知能力と非認知能力は両輪で動く自動車のようなもので、どれだけ認知能力を高めても非認知能力が同じように育たないと教育機関で学んできたことを特に社会では生かせません。たとえば、片輪だけ異様に発達して肥大したタイヤで前に進めば、車はただその場をクルクル回り続けるだけです。どんな悪路でも自分が進みたい道を自由に進むためには、大きくて同じサイズの両輪と、それを操る運転手自身が大切になります。

未来を生き抜ける人材を、どのタイミングで、どう育て、その人材に地球と人類の未来をどのように引き継いでいくのか？　この答えを考え続けることが、私たちの使命のように感じます。そこで切っても切り離せないのが「自然」です。

自然は、私たち人間の思い通りにはなりません。すべてが解明されていない未知の世界です。まったく平らな場所も直線も存在しない自然は、あそぶだけでボディバランスが鍛えられることをご存知でしょうか？　未知の世界が広がる自然では、非認知能力が育ちやすい環境にあります。そこでの〝あそび〟に〝人〟が関わることで、より濃密で、そして効果的な学びを得られる場所に変化します。

私は自然をベースにした幼児教育や小学生や親子を対象にしたアウトドア教室に関わる仕事に15年以上たずさわるなかで、〝自然あそび〟を通して子どもたちやお母さんお父さんの非認知能力が育まれていく過程を目の当たりにしてきました。

本書では、私がこれまで学んできたことを多くの人たちにシェアすることを目的に、概念や考え方をなるべく整理して、どんなに時が経っても変わらない非認知能力の学びの土台を記しました。序章から始まる本文に触れていただき、大人とか、子どもとかにとらわれず、多くの人たちにご活用いただけたらうれしく思います。

序章　どうして非認知能力が自然あそびで身につくのか

第一章

子どもが自然あそびで非認知能力を養う方法

第二章

自然あそびからどんな非認知能力が学べるか

第三章

非認知能力を養うには自己肯定感という土台が大切

本全体の読み方と、各章の内容について

本書「自然あそびで子どもの非認知能力が育つ」は、序章を含めて全四章で構成されています。各章には役割があり、どの章から読んでもわかるようになっています。

序章　どうして非認知能力が自然あそびで身につくのか

はじめに、「本書のタイトルに対する理由」＝〝Ｗｈｙ〟について説明しています。

第一章　子どもが自然あそびで非認知能力を養う方法

次の章では、お母さんやお父さん（先生）が「自然あそびの中で子どもにどのように接したら非認知能力を身につけられるか」＝〝Ｈｏｗ〟について解説しています。

第二章　自然あそびからどんな非認知能力が学べるか

続いてこの章では、子どもが「どんな非認知能力を培えるのか」＝〝What〟の部分について具体的に書き記しています。

第三章　非認知能力を養うには自己肯定感という土台が大切

この第三章では、子ども＝〝Who〟が「自然あそびで非認知能力を養うため」に日頃＝〝When〟から正しく自分を認められることの重要性について綴っています。

第四章　自然あそびの実践から非認知能力を身につける

最終章では、自然のどのような場所＝〝Where〟でお母さんやお父さん（先生）が子どもと一緒にあそべばどんな学びにつながって非認知能力が養えるのかを事例とともに紹介しています。また、「自然の概念」（P206〜参照）を前提に「自然あそびで非認知能力を身につける方程式」（P238〜参照）も可視化しています。

どうして
非認知能力が

序章

自然あそびで身につくのか

自然あそびで気づいた子どもの生きる力

人は自然に身を置くと開放的になり素直になれる

なぜ、私が〝自然〟を舞台に「子どもが持つ本来の力を伸ばそう」と体験教室に取り組み始めたのか？

その理由は、現在の幼児（幼稚園、保育園、こども園を含む）・学校教育ではなかなか身につけることができない〝非認知能力〟を、自然の中ではたくさん学ぶことができるからです。

私は、自然の中であそぶことが学びに変わると考え、それを「ネイチャーエデュケーション」と名付けて2015年にみくに出版から本を出しました。その経験を含め、最近の教育改革と照らし合わせて〝自然あそび〟について考え直しています。

自然あそび教室を開いて一番思うことは、子どもが喜怒哀楽、もっとわかりやすく言うと「普段より感情を表に素直に出せているんだろうな」と感じることです。これはお母さんやお父さんにも当てはまることです。私が所属する会社では、親子参加型の自然あそび教室も開催するのですが、意外と子どもよりお母さんやお父さんのほうが楽しそうにはしゃいでいます。

なぜか、自然の中であそんでいると声が大きくなるんです。

学校の教室、会社、通勤電車……こういった場所では、きっと大きな声を出すと周囲に迷惑をかけてしまうのでみんな静かに生活しているし、下手すると必要以上に小声で話をしたりして、気づかないうちに心も体も自分を抑制してしまっています。

近頃は、公園に行っても「ボールあそびは禁止」、「自転車の乗り入れは禁止」などと禁止事項ばかりが決められていて、開放的にあそべる場所に来たにもかかわらず、思い切りあそぶことさえもままなりません。特に都会になればなるほど、規制が多いのが実情です。それは日常からお母さんやお父さんが送っている社会でも同じ状況ではないでしょうか。

そんな背景があるからか、人は自然に身を置くと心も体も解放的になり、普段より素直になれるようです。

　私なりには、こう解釈しています。たとえば、キャンプに行って雨が降ったとします。日常生活なら、雨はネガティブな材料です。しかし、雨のキャンプはあまり体験できないことなので、その事実を受け入れられたら心がウキウキし始めます。これが普段ならそうはいきません。朝の外出前に雨が降り出したら「いまから学校に行くのに濡れちゃうよ」、授業中に雨を見てしまったら「なんか、勉強したくないな」というような気持ちは子どもに限らず、お母さんやお父さんの心の中にもあります。

　しかし、自然の中であそんでいると雨を止められないので、子どもも大人も雨を踏まえて「どうしようかな?」と考え、その状況でできることを行動に移します。


【自然あそびの思考サイクル　その1】
①自然の天候にはあらがえない（「ああ、めんどうだな……」）
　↓
②無意識に雨を受け入れられる（「でも、雨はしょうがない」）
　↓
※大人は「受け入れよう」と決意が必要な場合もある
　↓

③雨でできるあそび、楽しみ方を考える（「さて、どうしようかな？」）
↓
④アイデアが浮かび、とりあえずあそんでみる（「よし、ああやってあそぼう」）

水たまりを障害物とみなして避けてみたり、木の下などの雨にさらされない場所を基地に見立ててみたり……。みなさんも小さい頃にそういう思い出があるのではないでしょうか。

自然は不思議なもので、五感を解放してくれます。普段なら道を歩いていて気にもとめない葉っぱも、自然の中で目にすると色や形が違うことに気がつくし、触り心地だって違うことを発見します。森の中にいるだけで風の音、鳥のさえずりが自然に耳の中に入ってきて、なんだか心地いい気分になります。それは人工的な街の中では決して作り出せない環境です。

ある子どもが自然あそび教室中に森の木陰に入ったとき、こう言いました。

「なんか怖い」

自宅の部屋で電気をつけずに真っ暗になる状況とまったく違ったのでしょう。風、音、気配、日常生活で経験する暗闇では感じることのできない自然が生み出す独特の雰囲気を、その子は感じ取ったのだと思います。自然は人間の想像をはるかに超えた存在なので、子どもにとってはこれまでにない刺激をたくさん受けて怖さを感じたに違いありません。

人は自然に身を投じるといろんな意味で心も体も開かれ、五感が研ぎ澄まされるので何かを感じ取る受信機の感度も大きく高まります。最近、キャンプや登山などが流行っているのも、無意識のうちに開放的になりたい人が増えているからでしょう。

自然あそびには、学びの教材が溢れている

私が自然を活用するのは、お母さんやお父さんがあれこれ子どものために学ぶ環境を用意しなくても、いたるところに子どもが学ぶ教材が溢れているからです。

小さい子どもがいる家庭では、よく買い与えた積み木であそばせたりしているシーンを見かけます。でも、小さい子が自然の中に入ると、落ちている木や石、葉っぱを積んだり並べたりして一人であそび始めます。この二つのあそぶ環境で大きく違うの

は、「想像力の働かせ方がまったく異なっている」点です。

積み木は形の整ったキレイなパーツを積み上げ、完成するものは前もって人が考え出したもの（答え／見本）にしか形作ることはできません。

しかし、自然に落ちている木や石、葉っぱを使って形作るものは事前に用意されたもの（答え／見本）ではなく、子ども自身があれこれ試して考えながら完成させたオリジナル作品です。木や石、葉っぱで同じ色や同じ形のものは一つとしてなく、曲がっていたり歪んでいたりしていて、そのパーツを組み合わせて自分がイメージしている形に近づけていくしかありません。頼りにできるのは、己の想像力だけです。

【自然あそびの思考サイクル　その2】

①「どうしたらいいんだろう？」と考える
↓
②「こうかもしれない」と解決策を思いつく
↓
③「じゃあ、こうやってみよう」と実行する
↓

④またうまくいかなくなって「どうしたらいいの？」と考え始める

昨今はどんどん情報化社会が進み、「どうしたらいいんだろう？」と思った瞬間にスマートフォンで検索したら、自分が求める解決方法に近い答えが出てきます。すごく便利な時代です。しかし、考えること、調べること、他人に聞いてみること、創意工夫することなど、これまで人が当たり前にしていたことで育まれていた能力が、どんどん退化していっているのではないかとも思います。

私はそういった便利で都合のいい環境ではなかなか身につけられないものの中に、「非認知能力が育まれる要素がたくさんあるのではないか」と考えています。

自然の中であそんでみると、日頃の環境とは違い、人工的に作られた便利で、都合のいいものが用意されているわけではありません。子どもは自分の想像力を頼りにこれまでしたことのないチャレンジを含めて、仮説を立てて実行し、自分のイメージを実現するために道を切り開いていきます。

そういうとき、子どもはお母さんやお父さんが想像もしないようなアイデアと行動で自分が実現したいものを形にしていきます。

たとえば、幼児・学校教育での学びはどうでしょうか？

勉強は初めからテーマが設けられ、それをクリアすることを目的に先生が指導を行います。そこにはいくつかの決まった答えがあり、それにたどり着くために決まった方法がいくつか存在し、生徒はそこに気がつくことができれば、誰でも同じ方法で解くことができるのです。

それは公園のジャングルジムのような人工的に作られた遊具でも、同じことが言えるでしょう。確かに、子どもにとってはチャレンジすることに変わりはありません。しかし、頂上に上がることは勇気を出せば誰にでもできることです。

それに対し、自然の中にある比較的急な山の斜面を登るときには、都合のいい場所に何かつかむもの、足を置けるものがあるわけではありません。そういうとき、たとえば棒を使ってつかむものを自分で作ったりして、なんとか頂上に上がろうとします。それは学校で習うような知識ではなく、子どもがその場をなんとか解決するために考えて編み出したオリジナルの知恵です。もちろん、時にお母さんやお父さんのサポートが必要な場合もたくさんあります。

しかし、それは本当に行き詰まったときで十分です。何度も自然あそび教室で目の当たりにしてきましたが、子どもを信じて待っていると、私たち大人が想像もしないような発想で物事をとらえて実行したり解決したりして力強く前に進んでいきます。

私がここで大事だと思うのは、〝子どもが持つ本来の力を信じる〟ことです。

いま社会では、「ＰＤＣＡサイクルはイノベーションを起こさない」と言われていますが、子どもは自然であそぶと、誰に教えられるわけでもなく、ＰＤＣＡサイクルを勝手に実践しながら、さらにイノベーションを起こしてしまいます。

自然では、心も体も開放的になるので目の前のさまざまな材料を使って自由な発想で試行錯誤を繰り返し、自分のやりたいことを実現させ、ダメだった場合もすぐに心と頭を切り替えて別の方法を模索し、また別の道を歩みます。

自然あそび教室で、私が大切にしているのは、子どもが体験していることをやりっ放しにせず、「できるようになった！」と経験として実感できる環境を作ることです。

これが子どもにとって、また大人にとっても一番の成長サイクルです。その経験の積み重ねが、子どもの地力をどんどん肥沃に育んでいく栄養になるのです。成功しても失敗してもできるまで試行錯誤を続け、その結果「できるようになった」と子どもが実感することが大切だと、私は思っています。

私が自然あそびで考えた〝非認知能力〟の定義！

学校教育で学ぶことは〝認知能力〟だと解釈している

ここまで、自然あそびでは「非認知能力が身につく」ことを伝えてきました。でも、だからといって幼児・学校教育で学ぶもの、お母さんとお父さんが力を注がれている教育が不要だとは一切思っていません。

私は、大人が用意する教育と子どもが自然に学んでいくものは両方が大事だと考えていて、むしろ社会に入ってからはそれが両輪として回らないと、将来は生き残っていけない時代がやってくると感じています。

あくまで個人的な見解ですが、私は幼児・学校教育で学ぶベースのものを〝認知能力〟だと解釈しています。

学校の勉強は基本的に知識を身につけ、それを用いて答えを導き出すことです。そして、それがテストの正解の数だけ学力として高い数値に現れ、それが評価される仕組みになっています。ただ情報化社会が目まぐるしいスピードで発達・発展し、学校教育が重要視していた評価社会のあり方が、いま根本から覆されています。

その要因となっているのが、ＡＩの登場です。

たとえば、とある企業の営業社員が「１日何件のアポイントを入れたか」という仕事は、簡単に数値化することができます。しかしながら、きっと近い将来ＡＩを活用し、アポイントも自動化がはかられるかもしれません。それが「何件の契約が取れたか」という仕事になると、どの企業の何の部署の誰宛にアポイントを取り、さらに「どんな交渉をするのか」が結果を出すために重要になってきます。

すでにどの企業も人件費削減を含めて仕事の効率化を行っているため、ある程度の情報をインターネットに公開しています。だから、単純にアポイントを取るところまでだったらＡＩに任せたほうが早い時代がやってくるでしょう。

ただ「どんな交渉をするのか」はクライアントとのコミュニケーションの仕方や内容であったり、相手との駆け引きであったり、まだまだＡＩには表現することのできない〝私が考える非認知能力〟の部分が結果を左右します。だからこそ、非認知能力を身につけたり育んだりしていないと社会では活躍するのが難しいと思っています。

それでも「どんな交渉をするのか」を考えるとき、営業として「どの企業の何の部署の誰宛にアポイントを取るか」に至る文脈を理解しておかなければ、「どんな交渉をするのか？」という戦略を立てることはできません。そこは幼児・学校教育で学ぶような認知能力が必要とされるところです。

だから、私は幼児・学校教育で学ぶものも社会生活を送るうえでは大切なものだと認識しています。

親が学んでほしいと望むことは必要だけど……

お母さんやお父さんは、子どもが学ぶものを意図して「これを身につけてほしい」と、いろんなことを望みます。それはすごく大事なことです。なぜなら子どもはそれによって「自分が愛されている」ことを感じ、お母さんやお父さんが期待する学びをクリアしようと努力するからです。ただし、お母さんとお父さんは次のことを理解していなければいけません。

それは大人側が意図して学ばせようとして子どもが得たものと、自分が「こうしたい！」と湧き出た思いを実現するためにアイデアを出して実行し、それを達成したことで得たものとはまったく異なるものだということです。

私の中では、前者が認知能力、後者が非認知能力だというとらえ方です。子どもが学校教育を終えて〝社会〟というスタートラインに立ったときには、非認知能力を身につける過程で得た経験をたくさん蓄積しておいたほうが、その先の社会を生きていくには役立つことが多いのではないかと感じています。

ちょっとプロ野球の世界でたとえてみます。みんなプロ選手になるくらいですから、全員が私たちの考えも及ばないような努力を積み重ねています。それなのに、なぜ結果を出せる選手と出せない選手がいるのでしょうか？

2019年にイチロー選手は現役を引退されましたが、彼と同じ回数バットを振ったからといって、同じ結果を残せる選手はいないわけです。

おそらくイチロー選手は野球を通じて己と向き合い続け、自分なりのバッティングのメカニズムを探求したから他の選手と同じ回数のバットを振ったとしても違いを出せたのだと思います。その点は間違いなく、非認知能力が大きくかかわる部分です。私が自然を舞台にすると効果的で、さらに便利だと思うことは、お母さんやお父さんが放っておいても子どもが「これ何？」「どうしたらいいんだろう？」と、さまざまなことに興味を抱くキッカケがそこら一帯に溢れているからです。

たとえば、晴れや雨、強風や無風、夏や冬と天候や季節が変わればあそぶ環境が変化し、アイデア次第であそび方も変わります。また、自然の中では朝、昼、夜と活動する生き物が違うので、子どもが出会う生き物もその分たくさんあります。ほかにも、山や川、身近な公園や原生林など自然の度合い（P206〜207参照）によっても、子どもにとっては知らない世界がいっぱいです。

そういう未知の領域に対して自分が満たしたい好奇心や探究心を、想像力や知恵を働かせて解決したり実現したりしていく力が、私の定義する〝非認知能力〟です。

これはなかなか数値化できないことです。

たとえば、「1÷8＝1／8」と数字として答えを出すことは簡単です。でも、現実的には1個のケーキを8等分に切り分けることができるかどうか、そして分けようと思えるかどうかのほうが日常生活においては大事なことです。得た知識を技術として使いこなし、しかも人のために具現化できるかどうかは数値化できません。

学校教育で習う勉強は公式として覚えてしまえば、それを基にある程度は答えを導き出すことができる課題がほとんどです。私なりには、そういうものを認知能力だと解釈しています。

一方で、自然の中で楽しくあそぶためには、学校で習う勉強のような方法も答えも決まっているわけではありません。当然、一人ひとりによって興味の対象が違うので、その過程や答えも異なります。

この状況を〝社会〟に照らし合わせてみると非常に近いものがあります。キャリア、立場、職種、業種、それぞれがシンプルに抱える課題も、その先に出会う未来もそれぞれの人によってすべてが違うわけです。それは子どもにとって人生の先輩であるお母さんやお父さんが一番わかっていることだと思います。

国際化社会だから英語を話せることが大事だと言われますが、日本人のとらえ方は文法に沿って英語を教科書のように正しく話せることだったりします。しかし実際のところ、多少単語は間違っていたとしてもコミュニケーションを取ろうとする姿勢だったり、自分が伝えたいことを拙い単語でもいいから言葉に出したり、相手と意識をすり合わせて心を通わせて会話のやりとりをすることのほうが、もっと大事なことなのではないでしょうか。

私はたまたま自然を舞台にする仕事にたずさわり、認知能力も非認知能力も両方が不可欠だということを経験してきました。

だからこそ子どもにとって知らない世界を常に生み出せる自然が、〝非認知能力〟を身につけるのに最適だということを理解しています。自然あそび教室によって子どもが気づかないうちに非認知能力を身につけている姿をたくさん目にしてきました。

自然は非認知能力を身につけ、養うことができる絶好の場所です。

どうして非認知能力が〝いま〟注目されるのか？

子ども目線になると自然に対話も変わる

２０１８年から教育制度が新しく変わっているのを知っていますか？　幼児・学校教育では、アクティブ・ラーニング（Ｐ44〜51参照）が取り入れられ、子どもが主体的に対話を重ねながら学びを深める学習方法にシフトチェンジしています。それに伴い、高校や大学の入試制度も学力テスト以外に、たとえば面接が積極的に行われるような方針に切り替わっています。

そのような教育改革の影響があり、いま〝非認知能力〟が注目されています。

ここまで自然あそびが非認知能力を身につけるのに最適な環境であることを説明してきました。私が自然あそび教室を開くとき、子どもに対して心がけているのは、主に3つのことです。

【親子参加型の自然あそび教室での心がけ】

①目線

②対話

③我慢

まず、子どもの「目線」に合わせることからスタートします。

お母さんとお父さんが子どもに接するときにありがちなのが、どうしても大人目線から抜けられないことです。そうすると、自然の中では「何が起こるか?」というと、子どもの突飛な疑問や行動に対応できなかったりします。

たとえば、子どもは大人が見向きもしないような虫に興味が湧き、「これなんていうの?」と質問したりしてきます。そういうとき、よほどの昆虫好きではない限り、その虫のことなんてまったく知りません。そこで大人目線のままだと「知らない」=「恥ずかしい」が先立つので、「なんだろうね? それより向こうの遊具であそぼうか」と子どもの疑問を解決しないまま無意識に話題をすり替えたりもしてしまいます。

すると、子どもは煙に巻かれて、なんだか心が悶々とスッキリせずに自分が否定されたような気になってしまいます。最近は、自己肯定感を育むことが子どもの成長で大事だと言われていますが、私も「小さい頃に自己肯定感を育むことは、生きる力の土台を作ることになる」と同じ意見です。

それに見方を変えると、自然はお母さんやお父さんにとっても都合よく使える環境になると思っています。なぜなら知らないこと、わからないことがあっても「自然なら知らないことやわからないことがあって当たり前」と受け入れやすいからです。そう思えたら子どもと一緒に一つずつ知っていく、学んでいくくらいの気持ちで大人目線を簡単に脱ぎ捨てることができるはずです。

そうできれば、子どもと同じ目線で素直に対話できるようになります。

子ども　「この虫なんていうの？」
お母さん「お母さんも知らないな。なら、帰ったら昆虫図鑑で調べてみようか？」
子ども　「うん。そうしよう。楽しみだね」

このように子ども目線になってみると、会話の内容が大きく様変わりします。普段の生活で、もし算数の質問をされたら「わからない」とは答えにくいです。それは、算数は必ず答えが出るものだから。でも、自然あそびだと「自然は知らないこと、できないことがあって当たり前」と大人も逃げ道や他の方法が作りやすいのです。

私は、お母さんもお父さんも子どもより上の立場に居続けようとするから、どんどん無理をしなければならなくなり、自分を追い詰めてしまうのだと思っています。

主役は子どもです。だとすると、お母さんやお父さんはサポートするだけで十分です。子どもからしても「これって何？」「これってどうするの？」という好奇心や探究心を満たすことが目的で、別に正しい答えを求めているわけではありません。何より子どもの好奇心や探究心を満たすことは自己肯定感につながっていきます。それが次の成長サイクルを刺激するキッカケになっていくわけです。

「知らないことを知れた」
「わからないことが調べたらわかった」

「できないことに挑戦してできるようになった」

お母さんやお父さんができるサポートは、子どもに正解を与えることではなく、一人ひとりの好奇心や探究心に寄り添うことではないでしょうか。それが理解できると、自然に子ども目線になれるし、会話も自然に変化していきます。

そうなれると、子どもは喜怒哀楽を表に出すようになります。そして、お母さんやお父さんも感情を素直に表現できるようになります。

たとえば、幼い子は、よくモコモコと歩いている毛虫に興味を持ちます。

子ども　「ねえ、これ何？」
お母さん「わぁ、気持ち悪い」

特にお母さんは、毛虫が苦手だという人が多いです。しかし、対話として「気持ち悪い」と返事をしても、子どもからすると「えっ、何？」とよく理解できません。

子ども　「ねえ、これ何？」

お母さん「わぁ、気持ち悪い。お母さん苦手」
子ども　「どうして?」
お母さん「だって、動きが気持ち悪いし、見た目も嫌い」
子ども　「へぇー。でも、よく見ると毛があっておもしろいよ」

たとえ子どもであっても、感情を伝えるだけでは対話として成立しません。「見た目が嫌い」などの具体的なキーワードが会話の中に入っているだけで、子どもはその言葉に「なぜ?」と疑問や興味を持ち、次に見た目の観察を始めたりします。それこそが学びのキッカケになるわけです。

「キュウリは苦手」

子どもが言ったら、お母さんやお父さんは苦手な理由を「野菜だから」くらいのことで片付けてしまうでしょう。お母さんやお父さんは当事者ではないから物事を大人の目線で簡単に処理してしまいます。でも、理由は他にあるかもしれません。

子ども　「キュウリは苦手」
お母さん「どうして？　ニオイが苦手なの？」
子ども　「いや、中にある種のところのグニュッとした感じが嫌」

子どもに寄り添い、その思いを共有することができれば子どもの嫌いな理由がわかるし、わかれば克服するヒントが見つかります。中央にある種の部分が嫌いならそれを取り除いて調理することで、子どもは「おいしい」と食べられるようになるかもしれません。

自然あそびでは子どもに寄り添い、非認知能力を養う

子どもの頃は発見を知恵に、体験を経験にどんどん自分自身のキャパシティを増やしている段階です。子どもは常に目の前のことから学び、ライブで生きています。だから、子どもの欲求がホットなうちに「対話」をしなければ、その気持ちが冷めてしまいます。

だとすると、お母さんやお父さんにありがちな大人目線は、子どもの成長を妨げる

ことになります。なぜなら子ども目線に合わせるまでに時間がかかってしまうし、大人目線のまま課題や問題を考えたり合理的にとらえたりして、解決したり答えまでの道筋を作ったりしても子どもには合わないことが多々あるからです。

自然あそび教室では、よく親子一緒に飯ごうを使ってご飯を炊くことにチャレンジしてもらいます。ただ、お母さんやお父さんからすると、お米からご飯を炊く原理は理解しているわけです。それでも、子どもはわからないから悪戦苦闘します。

そのときに、こんなお母さんやお父さんを見かけます。

お母さん「まず、これやって」
子ども　「うん」
お母さん「そうじゃなくて、これやって」
子ども　「……」
お母さん「もう、なんでそうするの」

お母さんやお父さんには、「こうやったほうがうまくいく」という成功ルートが見えているわけです。こういう状態に陥ったとき、私はお母さんやお父さんに実践してもらうようにしています。そうすると火を起こすこと、お米をきちんと炊き上げること、意外と親もうまくできないことが発覚します。

実際に、自然の中でイメージ通りにそれを実践しようとしても、うまくいかないことはたくさんあります。

そうやってお母さんやお父さんが失敗したとき、私は「自然の中では、大人でも難しいことがたくさんあるんだね。じゃあ協力してやってみよう」と言葉をかけます。そこから、お母さんやお父さんも「失敗してもいい」とホッと胸をなでおろし、子どももその親の姿を見て「失敗しても大丈夫」と積極的に飯ごう炊飯に取り組むようになります。子どもは本来未知の世界に興味津々なのです。本当は「思い切りやってみたい」のですが、親の目が気になっているだけかもしれません。

自然あそびをするとき、私が作る基本的なルールは2つです。

【自然あそびの基本ルール】
・命に関わるケガをしないようにあそぶこと
・命に関わる危険を犯さないこと

多少のかすり傷は思い切りあそんだ証なので、お母さんとお父さんが許容してあげないと、子どもはどんどん自分が「おもしろい」と思ったことをやらなくなったり、「これをやってみよう」とチャレンジしなくなったりしていきます。

そうすると、無感情な子どもに育っていきます。私がお母さんとお父さんに伝えたいのは、子どもは親が思うようには成長しないし、親が思うような大人にはならないということです。

たとえば、親がイメージする成長ルートをたどったと仮定し、それで子どもが幸せになると思いますか？　未来の社会で通用するような力を身につけていると思いますか？

子どもは親の思い通りに成長しないからこそ、時に〝我慢〟も必要になるのです。

冒頭で触れた新しい幼児・学校教育制度での学習方法を覚えていますか？　子どもが主体的に対話を重ねながら学びを深めるために、文部科学省はアクティブ・ラーニングを取り入れることを推奨しています。つまり、子ども目線に合わせることも、子どもと対話することも、当然、お母さんやお父さんにとっては未知の世界に飛び込むことなので我慢しなければならないこともあるわけです。

しかし、私が定義する非認知能力は、未知の領域に対して自分が満たしたい好奇心や探究心を、想像力や知恵を働かせて解決したり実現したりしていく力のことです。

お母さんやお父さんにとっては「子どもを育てる」という未知の領域に対して自分の思いを実現していくことを実践することが、まず自分にできることです。

これからの未来は、私たち大人が想像できないような社会の変化がもっとたくさんものすごいスピードで起こっていくはずです。そういう未知の世界で生き抜く子どもを育てるためにも、ぜひ自然あそびで非認知能力を養ってほしいと思います。

コラム1

2018年から幼児教育施設・学校が目指すアクティブ・ラーニングとは何か?

2018年から幼児・学校教育では、アクティブ・ラーニングが取り入れられています。そして、序章では、子どもが主体的に対話を重ねながら学びを深める学習方法にシフトチェンジしていることをお伝えしました。

文部科学省が配布するリーフレット「生きる力　～学びの、その先へ」では、アクティブ・ラーニングを取り入れた授業改善について次のように記載されています。

▼どのような授業を目指すか「4つの例」

①一つひとつの知識がつながり、「わかった」「おもしろい」と思える授業
②見通しをもって、粘り強く取り組む力が身につく授業
③まわりの人たちとともに考え、学び、新しい発見や豊かな発想が生まれる授業
④自分の学びを振り返り、次の学びや生活に生かす力を育む授業

これまでは「何を学ぶのか？」が重要視され、頭の中に知識を叩き込む時代でしたが、これからは「どのように学ぶのか？」をもっと大切にしていこうと、ようやく国が教育改革に取り組み始めたのだと、私は思っています。

その背景にあるのは、情報化社会が信じられないスピードで進み、もはやインターネットの世界では国境が存在しない社会が成立してしまっているからです。そういう社会に対応するには、もはやこれまでの知識を身につける教育だけでは適応しきれません。身につけた知識を実社会でどのように活用すればお金や価値を生めるのかを、自らで考えて行動に移す人材に育てることが重要になります。

そのリーフレットには、教育改革の結果として、「社会に出てからも学校で学んだことを生かせるよう、3つの力をバランスよく育みます」と記されています。

▼実際の社会や生活で生きて働く「知能および技能」
▼未知の状況にも対応できる「思考力、判断力、表現力など」
▼学んだことを人生や社会で生かそうとする「学びに向かう力、人間性など」

この3つの力については、コラム2（P110参照）で説明します。

なぜ学校の授業をアクティブ・ラーニングにするのか？

まず、お母さんもお父さんも小さい頃の記憶を思い出してみましょう。

小学校では〝どのように〟学んでいましたか？

たとえば、算数の九九の授業がありました。教科書を開き、先生が「今日は三の段を勉強します」と伝えたあと、「3×1＝3」から「3×2＝6」がどういう仕組みになっているのかを簡単に説明していたと思います。

「ここに、アメ玉が3つ入った袋が一つあります。これが3×1です。そして、アメ玉は全部で3つあります。では、3×2はアメ玉が3つ入った袋が2つあることなのはわかりますか？　そのとき、アメ玉は全部で何個ありますか？」

このように授業は進んでいったことでしょう。先生が三の段に関することをあれこれ説明しながら黒板に重要なポイントを書き、自分たちは、それをノートに書き写しながら三の段の原理を頭の中で理解していたのではないでしょうか？　そして、最終的には「3×9＝27」まで覚え、授業終盤に練習問題を解いていたはずです。

①三の段について先生が授業を行う
←
②生徒はノートをとりながら理解する
←
③練習問題で三の段の理解を確認する
←
④宿題を通して三の段を振り返る

おそらく学校の授業における学びのサイクルは、これに近い流れだったと考えられます。また、翌日の算数の授業では、始まりに三の段の簡単なテストをして、〝理解できているか〟〝理解できていないか〟を点数として判定されていたのではないでしょうか。これまでの授業のやり方は、まず生徒に知識を与え、一つひとつの知識がつながることを説明していくのが一般的な方法でした。生徒は先生の話をよく聞き、粘り強く取り組んで課題をクリアしていました。

しかし、その授業のやり方は生徒が「おもしろい」と思えたり、学ぶ過程でクラスメイトと一緒に考えることで新たな発見や発想を見つけたり、次の学びや生活に生かす力を育むような授業の構成や進め方にはなっていなかったのが現実です。

たとえば、お祭りに行くとき、お母さんにお小遣いを300円もらったとします。

自分が食べたいお菓子が60円だったときに300円なら何個買うことができるのか？　他に食べたいものがいくつかあって、それを300円で上手に食べるにはどういう組み合わせがあるのか？　好きなお菓子をどのくらい食べられるのか？　私はそのようにして見通しを立てることを養い、学んだことをどのように使うかが目的になるから粘り強く自分の欲求を満たすために取り組めるのではないかと思うのです。

これは一人で道筋を考えて答えを出しましたが、「4人のグループで話し合い、一つの答えを発表してください」という進め方にすると、一人ひとり好みが違うので一番食べたいものが別々のものだったとすると組み合わせが変わってきます。当然、この課題では一つの答えにしなければいけないので、そこに対して話し合いが行われ、相互関係の中でのコミュニケーションが必然的に生まれます。私は「新たな発見や発想が生まれる」とは、そういうことではないかな、と考えています。

子どもは先生のアプローチの仕方で〝自分ごと化〟されたから理解が深まり、家に帰っても振り返ることができるのではないでしょうか。さらに、それを次の学びや生活に生かす力にできるのではないかと、私は自然あそび教室を通して実感しています。

「足し算や引き算を覚えなさい」
「漢字を書けるようになりなさい」

単純にそういった授業から「社会で生きるものを学べ！」と言われても、教えられた生徒の心の中には〝何のために学ぶのか〟が見えません。だから、習ったことの使い方はわからないし、何に対してどう生かしたらいいかもちんぷんかんぷんです。

最近は、ビジネスマン向けの研修や講座がたくさん開かれていますが、たまに参加して思うのは、最初に「何のために学ぶのか？」を提示されないまま、講師が話をどんどん進めていくことです。今日の学びの〝ゴール〟をはじめに聞かされないまま話が展開されていくので、「その時々の内容はわかるんだけど、全体の文脈が見えないままなんとなく理解したつもりで終わってしまったな」という状態に陥り、「結局、仕事に生かせなかった」ということが度々起こっているように感じています。

それは子どもが受ける学校の授業も、大人が受けるビジネス講座も同じではないでしょうか。
「教科書の何ページを開いてください」に始まり、「今日はこういうことを学びます」、そして「これを学ぶと、日頃のこういうことに生かせます（役立ちます）」みたいなことが授業の最初に説明されたら、生徒はそのつもりで先生の話を聞くはずです。

きっとこれまでの学校教育には、生徒にとって〝今から受ける学びの見通し〟に対する情報を提示されることが欠けていたのではないかと思います。

「結局、学校の授業って何に生きるのかわからないから退屈」
「一方的に教えられているだけだから授業はつまらない」

こういう言葉で揶揄され続けた学校の授業も、もうAI時代を迎え、ある部分はすでに実社会において必要なくなりつつあります。お母さんやお父さんも「あれって何だったっけ？」と思えばスマートフォンで検索するでしょうし、スマホ・ネイティブと呼ばれる現代の子どもたちは、私たち大人以上に便利な環境を利用して生活することが当たり前になっています。

「九九を覚えましょう」

「公式に当てはめましょう」

「1600年は何が起こりましたか？」……


これまでの学校教育ではそういう暗記の量、さらに暗記したものをどう公式や定型の形に当てはめられるかでテストの点数として評価され、それによって学力が振り分けられていました。でも、2018年の教育改革以降は、これまでの〝知識・技能教育からの脱皮〟が求められています。

▼「わかった」「おもしろい」と思える授業
▼まわりの人たちとともに考え、学び、新しい発見や豊かな発想が生まれる授業
▼自分の学びを振り返り、次の学びや生活に生かす力を育む授業

私は、特にこの3つのポイントが現在の幼児・学校教育に足りない点だと指摘しています。きっと文部科学省もそんな課題をわかっていたから〝アクティブ・ラーニングを推奨している〟のではないでしょうか。

子どもが
自然あそびで

第一章

非認知能力を養う方法

非認知能力を伸ばすカギは子どもを信じること!

自然あそびをすると子どもはアクティブ・ラーニングを実践する

私たちが開催している自然あそび教室では、文部科学省が目指す授業〝4つの例〟を子どもたちが自然に実践しています。

【文部科学省が目指す授業〝4つの例〟】
①一つひとつの知識がつながり、「わかった」「おもしろい」と思える授業
②見通しをもって、粘り強く取り組む力が身につく授業
③まわりの人たちとともに考え、学び、新しい発見や豊かな発想が生まれる授業
④自分の学びを振り返り、次の学びや生活に生かす力を育む授業

やはり、カギを握っているのは〝自然は不思議がいっぱいある〟ということです。

「このアリは何してるの？」
「あの花ってなんていうの？」
「なんでここにキノコがあるの？」

こう思うキッカケが、自然にはたくさん転がっています。ただそのキッカケも、子どもが勝手にそう思うのを待っていては大変です。それでいいのであれば、私たちが自然あそび教室を開く意味がありません。

〝自然あそび〟をテーマに〝教室〟を開く以上は子どもの〝学び〟につなげられなければ、プログラムとして成立させられません。なぜなら私たちの目的は参加者にとって未知の世界である自然の中でのあそび体験を〝経験〟につなげることだからです。

こういう話をすると、お母さんお父さんには「自然のことをいっぱい勉強しているんですか？」と質問されます。そういうとき、私は決まって「専門的な勉強は一切しませんよ。必要以上にやったこともありません」と答えています。

たとえば、イベントの開催時期に応じて……

「どんな虫がいるのか？」
「どんなキノコが生えているのか？」
「どんな花が咲いているのか？」……etc.

……こういった情報は集めます。

だからといって、虫博士、キノコ博士、花博士になりたいわけではありません。正直、私たちも自然のことについてはまだまだ知らないことだらけです。

まず、私たちが大切にしていることは、参加してくれた子どもに「楽しかった」と感じてもらうことです。これがイベントを成立させる最低条件です。私は「楽しい」という感情が学びのサイクルを生む土台だと考えています。

単純に自然あそび教室に参加している人は、その場が「おもしろい！」と思わなければあそぶ意欲が湧かないし、気づきや学ぶ機会を感じ取ることはできません。私たちは「どうしたら子どもにおもしろいと思う体験をしてもらえるか？」を意識しています。私自身は、好奇心や探究心をくすぐることがスタートだと思っています。

そもそも私たちが行っていることは自然環境を使った〝場づくり〟です。

そのために、毎回少しだけ自然の情報収集をしているにすぎません。イベント前に自然を歩き、「何があるかな？」とリサーチをします。そして、自分が発見したモノの「何に」惹かれて「どう」感じたのかを整理します。モノの名前を調べるより、まずはここが大切です。さらにイベント本番は、子どもの興味に寄り添って、その興味に対して最大限まで一緒に深掘りし、広げていくことに注視します。

これって場づくりではありませんか？

自然あそびは子どもの探究心を満たすための場づくりが大切です。子どもの好奇心や探究心が湧くような「体感環境をどうのように設定するか」がお母さんお父さんをはじめとする私たち大人の役割です。２０１８年からスタートしている幼児・学校教育の改革で〝アクティブ・ラーニング〟の重要性が強調されていますが、私はその基本となるのが、「まず人や物事に興味を持つこと」だととらえています。

人が「何に興味を持っているか?」に気づくことができれば、それをキッカケに話ができるし、その場でできるあそびを考えられます。

子ども　「ねえ、この葉っぱなんていうの?」
お母さん「あー、なんていうんだろうね。知らないな」
子ども　「お母さんも知らないの?」
お母さん「うん。じゃあ、家に帰って調べてみようか」
子ども　「そうだね!」
お母さん「そうしよう。その葉っぱさ、なんかハートの形してるね」
子ども　「本当だ。他になんかおもしろい形した葉っぱがないかな」
お母さん「なら、どっちがおもしろい葉っぱを探せるか、競争しようか?」

子どもが「何に興味を持っているか?」を探すことは、自然あそびをいろいろ展開していくための〝種まき〟です。私がいつも意識を傾けているのは「それぞれの子どもの好奇心や探究心がどこに向けられているのか?」という点です。親子を対象にしたイベントなら、ここにお母さんやお父さんが要素として入ってくるだけで他に何も変わりません。

そして、参加者の興味がわからなかった場合、私は直接聞いてみます。

「何かおもしろいことあった？」
「どんなあそびをしたい？」
「何か知りたいことある？」

自然あそびを上手にコーディネートするコツは〝答えは相手の中にある〟ことをきちんと認識することです。

ここを勘違いすると、おもしろい場づくりはできません。学校教育にたとえて申し訳ないですが、これまでの授業は先生が一方的に教えていたから生徒が「おもしろい」と感じられなかったわけです。先生は「テーマに沿って話をして教えられたから満足した」という感触があるでしょう。でも、生徒からすると「話を聞いてノートをとり、習ったことをテストされた」くらいのもので〝自分がやった感〟はありません。この場合、きっと主役は生徒ではなく、先生になっているはずです。

序章でも触れましたが、子どもにとっては正解か不正解かが重要なわけではなく、自分の気持ちが満たされるか満たされないかで学ぶかどうかが左右されます。そこはお母さんお父さんであっても、先生であっても「自分にどう向き合ってくれたか」の熱量で子どもは自分の満足度を決めているんです。

この原理が理解できれば、お母さんやお父さんも必要以上に自然のことを知らなくていいことがわかると思います。重要なことは子どもが自然を感じて学ぶことであり、お母さんやお父さんが専門家のように学ぶ必要がないということです。むしろ会話したりあそんだりする中で、子どもにとっては気づきや発見があれば十分なのです。

前述した〝葉っぱ〟のやりとりも結局は答えを知らないまま会話が展開され、〝おもしろい形をした葉っぱを見つける競争〟が始まりました。結果、葉っぱを知ることから見つける競争に変わりました。お母さんやお父さんも最初からそれを予測していたわけではなく、「話の流れからなんとなくそういうあそびになっていった」わけです。だから、学者のように自然を知る必要もなく、新しいあそびを作るアイデアを持つ必要もなく、お母さんやお父さんも童心に帰ったつもりで、子どもと普通に会話ができれば自然にあそぶヒントが出てきます。

私は、「人とのコミュニケーションがアクティブ・ラーニングの原点」だと思うんです。

まわりの人たちと共に考えることも、共に学ぶことも、自分にない新しい発見をすることも、豊かな発想が生まれることも一人あそびでは難しいです。誰か一人相手がいるから、より質の高い〝非認知能力〟は身につけられるのではないでしょうか。

▼自分の思ったことを相手に伝える
▼相手が言っていることを聞く

人としての当たり前のやりとりを繰り返すことで、自分がやりたいことが整理されたり、相手の意見を聞いて新しいアイデアを得ることができたり……。これも非認知能力の一つです。日本では非認知能力を社会性、傾聴力、承認力みたいな難しい言葉で表現しますが、私は「そんなに難しく考えなくても簡単なことでいいんじゃないのかな」と思います。

私たちは自然あそび教室をイベントとして行っているため、「楽しかった」「おもしろかった」止まりで終われません。子ども、またお母さんお父さんの〝学び〟にまで昇華させる必要があります。

そこで重要なのが〝振り返り〟です。

この振り返りは、自然あそび教室では必ず行っていることです。あるときは言葉に起こして発表してもらったり、あるときは絵を描いて説明してもらったり。大事なのは〝楽しくアウトプット〟できる場を作ることです。自らが体験したことを振り返る手段として、楽しく演出するために言葉や絵で形に起こすようにうながします。そうやってもう一度自分の記憶を頭と心に通すことによって知識になったり、経験になったりして、日常生活で何か生かせるようになるのです。

子どもは知識や経験が増えるほど意欲的になり、活発になります。学ぶ喜びを知っているから粘り強く取り組む心が身についていきます。一見すると、文部科学省が目指す授業①〜④（P54参照）は別々のもののようですが、すべては関連し合っています。知識や経験があるから見通しが立てられるし、知識も一人で学ぶよりまわりの人と共に考えて学んだほうがいい。もともと粘り強い子、またマイペースの子であれば、一人で集中して知識を得たほうが効率よく学べるかもしれません。

私が思うのは、今までの学校の授業のような作られた環境だけでは〝子どもが興味を持つキッカケが作りにくい〟ということです。

自然は、たとえば虫を見つけたりして何かしらが起こるから興味（好奇心や探究心など心の部分）を刺激するキッカケを勝手に作ってくれます。これが自然あそびの最大の良さであり、人の心が解放されるから学ぶ環境として最適なのです。

親の務めは子どもが答えにたどり着く手助け！

まず、子どもと自然あそびをするとき、「主役が誰か」を心にとどめることが大切です。そう思うと、お母さんやお父さんは「子どもが何をしたいか？」を知る必要があります。親子を対象とする自然あそび教室を開いたときに、たまに見かけるのが

「今日はこれを学ぶことが目的だから、これをしよう」と、お母さんお父さんが最初から用意したプラン通りに進めようとしていることです。これだと私の目には、学校の授業と何も変わりません。

主役は子ども！

ここから始めたいのなら、まず子どもに「何をしてあそびたい？」と聞いてみましょう。ブランコをしたい子、すべり台をしたい子、バッタを捕まえたい子、お花を見たい子、石を積みたい子……。子どもによって興味はさまざまです。何より普段ゆったり子どもと一緒に過ごすことが少ないお母さんやお父さんにとっては、もしかすると自分の息子や娘の興味あることが意外だったりするかもしれません。

自然あそびでの子どもとの会話は、きっとたくさんの発見があるはずです。

私も自然あそび教室を開催すると、毎回、子どもたちの意見に驚いてばかりです。

以前、こんなことがありました。それは幼稚園で行っている体験教室での出来事でした。残念ながら当日は雨が降っていました。雨だと園庭や園外の自然であそぶことが難しいので、「どうしようかな?」と思い、私は子どもに聞くことにしました。

長谷部「雨が降ってるね。今日、どうしようか?」
子ども「外であそびたい!」
長谷部「えっ、でも雨が降ってるよ」
子ども「外がいいー」
長谷部「じゃあ、どうする?」
子ども「よし、カッパを作ろう!」

正直、この瞬間は「マジ?」と思いましたが、小雨だったので幼稚園の先生と少し話し合い、子どもたちの意見を尊重することにしました。でも、子どもはカッパを作ったことがありませんから「どうしようか?」と考えたとき、「子どもの体の大きさならゴミ袋にスッポリ収まるな」と思いついたんです。

そこで、先生に子どもの人数分のゴミ袋とハサミ、色付きマジックを用意してもらいました。

長谷部「ここに大きなゴミ袋があります。まず、一枚ずつ用意して！」
子ども「はーい」
長谷部「じゃ、これがカッパになるから好きな絵を描こう。長谷部先生はカブト虫」

そう説明しながら、子どもたちに見えるようにゴミ袋を壁に貼りつけ、絵を描きました。すると、お絵描きの時間になります。普通にお絵描きするより「カッパを作る」という目的があるので、子どもたちはテンションと集中力が高めです。何より好きなものを身につけて外であそぶので、普通なら「雨だったから最悪」という思い出が「雨だったからできたこと」というワクワクした思い出に変わります。

長谷部「みんな好きな絵は描けたかな？」
子どもA「僕、てんとう虫」
子どもB「私、ケーキ」
長谷部「いいねー。じゃあ次は、このままだとカッパにならないよね？」

子どもC「頭が出ない」
長谷部「そう、頭が出ないからハサミを使ってこんな風に切れ目を入れよう」

このときは、たまたま年長さんだったのでハサミが使えました。これが年中さんや年少さんだったらまだハサミを自由に使うのは危ない場合が多いので、先生に切れ目を入れてもらうように段取りを組んだと思います。

長谷部「できた？」
子どもA「できた！」
子どもB「でも、手が出なーい」

子どもはおもしろいもので、クラスに一人くらいは勝手に先走って行動する子が出てくるものです。でも、それが〝場づくり〟をする仕掛け人にとっては、「楽しい」「おもしろい」を感じさせるエッセンスになります。

長谷部「本当だ。頭しか出ないね。頭しか出してないカメさんみたい」

子どもA「ハハハ」
子どもB「手を出さないと」
長谷部　「じゃあ、手を出せるようにこのくらい切れ目を入れよう」
子どもC「はーい」

それから十数分後には、みんな手作りのカッパを着て、それぞれ思い思いのことをしていました。友達同士で絵を見せ合っていたり、先生に上手にできたことをアピールしていたり、早く外に出たいと入り口のところで準備していたり……。この日は、その後から外に出て30分くらいあそぶことができました。子どもたちにとっても、先生にとっても、いつもとは違う体験と経験ができました。

ここまで読んでもらった通り、私は子どもたちの実現したい〝外あそび〟という目的に寄り添い、少しだけアイデアや知恵をしぼって手助けをしたにすぎません。

私の心境としては「雨↓どうしよう?↓カッパを作りたい!↓マジ?↓よし、作ろう↓どうしようか?↓こうやろう↓無事できた↓雨の状態は?↓よし、あそべる↓あそべた。楽しかった」という流れです。

そして、これが、そのときにライブで頭の中で描いたシナリオです。

▼雨に長く濡れると風邪を引くので、外あそびは30分以内に収める
▼カッパを作りたい思いに寄り添い、絵を描いて楽しさを演出する
▼道具を使って一からモノづくりすることが楽しいことを体験する
▼「ダメかな」と思ったこともアイデアで実現できた経験を作る

これは自然あそびの〝オキテ〟ですが、人の安全を確保することは絶対条件です。

この日は雨が降っていて、フィールド的にも重大な事故が起こってケガをする可能性があったため、雨の状況次第では外であそぶことをやめる想定もしていました。いずれにしろ長い時間濡れたままであそぶと、風邪を引いてしまう恐れがあるので、この日は先生たちと30分以内と決めて自然あそび教室の〝見通し〟を立てました。

私がいつも自然あそび教室という〝場づくり〟で心がけているのは、〝子どもはやれば何でもできると信じる〟ことです。

信じることで、子どもは自ら答えにたどり着く！

長年、自然あそび教室を通じた場づくりを行っていると、意外に子どもを信じることができないお母さんお父さん、また幼児教育施設や学校の先生が多いことに気がつきます。

しかし、信じることができないと、子どもは自ら学ぶ力を身につけられません。

最近は、お母さんお父さんが教えることと子どもが学ぶことをイコールだと勘違いしていることが多々あります。これは幼児教育施設や学校の先生にも同じことが言えます。たとえば、前述したカッパ作りから外あそびまでの一連の流れを「最初からプログラムとして用意していたらどうなっていたのか」が想像つきますか？

先生　「いま雨が降っています。きっとみんなは外であそびたいと思うので、これからカッパを作って外に出ます」
子ども「カッパ？」
先生　「そう。まず、こうやってカッパを作ってみようか」

……約20分後

先生「できた？　絵は描けた？　ハサミを使って切れ目は入れた？」
子ども「できた」
先生「じゃあ、外に出ようか」
子ども「はーい」

……外に出てあそぶ。これだと、子どもにとってポジティブな意欲、「あそびたい」というエネルギーが生まれません。

この先生と子どもの会話の内容、そして、やりとりの仕方を分析してみると、「まるで学校の授業のようだな」というが、私の感想です。このキャッチボールの印象として一番感じることは、用意されたプログラム通りに子どもたちを誘導していること。このやりとりをお母さんやお父さんに置きかえてもらうとわかりやすいのですが、先生にとっては〝取り組むこと＝答え〟が決まっているから、結果的に子どもを答えに当てはめているだけになっています。

ここに、日本の教える立場にある人の場づくりの下手さが出てしまっています。幼児教育施設や学校の先生は、カリキュラムに沿って教えるだけが仕事になっている気がします。なぜアクティブ・ラーニングを実践することを目指しているのか？

それは、〝どのように学ぶのか〟が実社会に出たときに役立つと考えているからです。


【文部科学省が目指す授業〝4つの例〟】
①一つひとつの知識がつながり、「わかった」「おもしろい」と思える授業
②見通しをもって、粘り強く取り組む力が身につく授業
③まわりの人たちとともに考え、学び、新しい発見や豊かな発想が生まれる授業
④自分の学びを振り返り、次の学びや生活に生かす力を育む授業

よく「学生の仕事は勉強」と言います。しかし、それはもののたとえ。実際、社会での仕事は学校の勉強とは違い、答えや方法が決まっているわけではありません。また、すべてが想像の範囲内で解決したり実現したりするわけではありません。私が定義する非認知能力は、そういう未知の領域に対して自分が満たしたい好奇心や探究心

を、想像力や知恵を働かせて解決したり実現したりしていく力のことです。

つまり、〝非認知能力〟を養うのは、まさに〝どのように学ぶのか〟がポイントになるのです。

だから、これから先の幼児教育施設や学校の先生には、どのように学ぶのかをいかに考え、学び方をどう構築していくかが問われているのではないでしょうか。それは先生と生徒という関係ではなく、親と子の家庭環境においても通ずる部分です。

私は自然あそび教室を実践するとき、現場の先生に求められる要素が次の〝6つ〟だととらえています。

①ガイド　②インタープリター　③ティーチャー
④ファシリテーター　⑤インストラクター　⑥エンターテイナー

そして、子ども（参加者）に対して〝自然あそび〟を学びに変える方法を作り上げてきました。

私たちは自然あそび教室を学ぶ場ととらえているので、一方的に教えるようなことはしません。子どもを信じ、一人ひとりが進む道＝答えを出すまで忍耐強く寄り添って共に考え、決まったら一緒に歩むこと。そのために①～⑥を使い分けています。

自然あそびを学びに変える〝6つ〟の要素

私たちは子どもが自ら学ぶことを手助けし、「どうしたら自然であそんで心と体を満たせるか？」を常に考えて行動しています。そのために、自然あそび教室の先生として必要なものが6つあり、子どもたちの状況や一人ひとりの状態によってそれぞれを使い分けてコミュニケーションをとっています。

【自然あそび教室の先生に必要な6つの要素】

① ガイド（安全に案内する人）
② インタープリター（自然と人との仲介役になって自然解説をする人）
③ ティーチャー（相手が知らない知識を教える人）
④ ファシリテーター（良い場づくりをする進行役）

⑤インストラクター（技術を指導する人）
⑥エンターテイナー（参加者を楽しませる盛り上げ役）

なぜ、この6つを使い分けることが大事だと思ったのか？

自然をテーマにした仕事も、昔から〝自然と人との仲介役となって自然解説を行う人＝インタープリター〟が草花や昆虫、鳥を紹介しながら山歩きをするようなイベントをいろいろ開いていました。すごく素敵なイベントです。ただ、対象年齢が大人だとイベントとして成り立つのですが、「子どもだと退屈しているな」と思っていました。これは、まずインタープリターがただの自然解説員になっていることが多くなったからです。参加者もその場では「ふむふむ」とわかってはいます。

しかし、イベントが終わり、自宅で「今日は何を学んだかな？」と振り返ってみると覚えていないことが多々あります。私も参加したときにそう思ったので、「記憶を残したくなってもらえる場にしないとダメだな」と。

そもそも自然あそびとはいえ、お母さんお父さんの気持ちの中には〝ちょっとでも子どもに学んでほしい〟との思いで参加させているはずです。

最近では、ビジネスマン向けの講習会もたくさん開催されています。それこそアクティブ・ラーニングに関するイベントはたくさん行われていますし、ファシリテーターという言葉も、数年前から一般化されてきました。私自身も大切な要素だと実感しているので、自然あそび教室の先生に必要な6つの要素に入れました。

しかしながら自然あそびで先生役を務める私たち大人は、①〜⑥を単体でバラバラに理解していても自然を〝学びの場〟に変えることはできません。

ガイドができるだけでもダメ。
ティーチャーができるだけでもダメ。
インストラクターができるだけでもダメ……。

一つだけ知識を深めていても、子どもからすると「で、僕たちは何が楽しいの？」となるわけです。きっと自然あそびも、イベントも、やりたくて自ら参加しているものだからみんな自分に置き換えて満足度をはかります。

たとえば、休日に親子で公園に行って外あそびをしたとします。

休日に子どもと外に出かけてあそぶとき、たまに心の余裕があると「ちょっと何か学んでほしいな」と大人の理屈でいやしい気持ちが湧いたことがありませんか？　そして、「一生懸命に教えてしまった」結果、子どもがつまらなそうだった。でも、「休日を使ってわざわざあそんであげたのに」と少し苛立ちを感じたことがあるお母さんお父さんも多いのではないでしょうか。

特に10歳くらいまでの子どもは、脳の成長がそこまで進んでいないので、大人とは思考力にかなりの差があります。その代わり、キャパシティが少ない分、目の前のことをどんどん処理することで知識を増やしたり状況を認知したりしているから、子どもは大人より〝いま〟をライブに生きています。

その証拠に、興味を向ける対象がコロコロと変わるし、大人とは違うタイミングで興味を示すものが決まっていくと思います。それこそが子どもの成長期に関わっている部分なので、それを踏まえて「どのように学ぶ場を作るか？」が大事です。

第一章の冒頭（P56参照）で「楽しかった」が学びのサイクルを生む土台で、自然あそびは「子どもの好奇心や探究心をくすぐることがスタート」だと伝えましたが、やはり最初に「子どもの心をいかにつかむか？」は、少し学ぶことを意識したときには二人三脚で息を合わせる必要があります。

だとすると、①〜⑥の何役を活用すればいいのか？　私たち大人が子どもたちの状態によって上手に①〜⑥を使い分けることができれば、楽しんだり、集中して話を聞いたり、熱中して作ったり、自由にあそんだりして、いつの間にか自然あそび教室から何かを学んでいることにつながっていくはずです。

私は、自然あそび教室を実践できる指導者の育成もしています。

それは会社の事業として幼児教育施設や学校の先生、そしてプロとして野外活動をしたい人向けに展開しているので、わかりやすく伝えるためにさまざまな資料を作成しています。なかでも、教室の先生向けに〝自然あそびで必要な6つの要素〟は、グラフチャートにたとえて説明するようにしています（P79参照）。

このチャートは、先生の能力値を客観的に示し、評価をするためのものではありま

自然あそびで必要な6つの要素

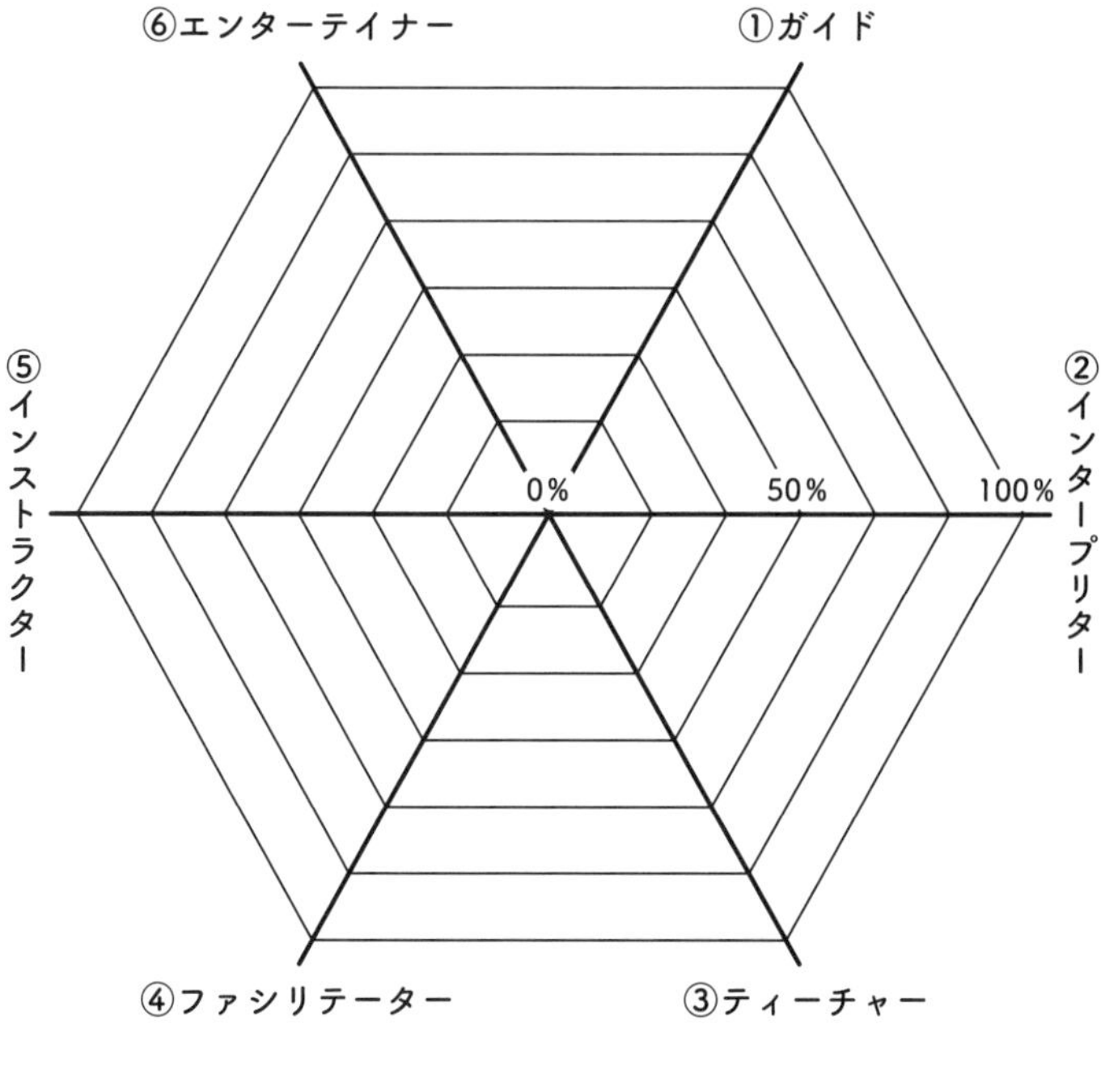

ガイド、インタープリター、ティーチャー、ファシリテーター、インストラクター、エンターテイナーの6つの要素をグラフチャート化して、幼児教育施設や学校の先生、野外活動をしたい方に向けて説明をしている。

せん。

子どもの自然あそびを安全に楽しく取りまとめ、きちんと学びへと導くために〝どのように〟場づくりをしたらよかったかを客観的に理解するために考案したグラフチャートです。繰り返しになりますが、学びには段階があります。自然あそびで子どもが学ぶ過程（原理）は、簡単に次のような流れです。もちろん年齢によって先生からヒントを与える形でスタートすることもあります。

【自然あそびにおける子どもの思考サイクル】

①「今日はなんだか楽しいな」と場の雰囲気を感じる

↓

②「何をしてあそぼうかな」と探す

↓

③「これ、なんだろう？」などと興味の対象を見つける

↓

④「どうしようか？　どうしたらいい？」と考える

⑤「こうかもしれない」と方法を思いつく
←
⑥「じゃあ、こうやってみよう」と実行する
←
⑦またうまくいかなくなって「どうしたらいいんだろう?」
←
※基本的に⑤~⑦はらせん状に上昇しながらループしています。そして、その過程で時々、子どもの中で何かの気づきが発生しています。

子どもの立場になって①~⑦の気持ちを一つずつ丁寧に追っていくと気がつくのは、心理段階によって興味対象が変化していることです。

そうすると、その時々で〝自然あそびで必要な6つの要素〟の立場を使い分けて、子どもとコミュニケーションをとることが大切であることがわかります。なぜなら興味の対象が変わればそれを満たすために、大人(お母さんお父さんや先生など)の役割もそれに応じなければならないからです。

たとえば、子どもが「今日はこの公園で何をするんだろう?」と思っているのに、お母さんお父さんが「あの花を見てごらん」と言っても興味がないかもしれません。そこで、「今日は何をしてあそぼうか」と聞いてあげたら子どもの中で「何をしたい」が自然に湧き出てきます。そのやりたいことに寄り添いながら、その時々のその場の状況や子どもの状態によって〝場づくり〟(あそびの環境設定)を展開していけば、目的は子どもの中に自ら生まれていきます。

目的がわからなければ、自分が「いまから何をやろうか?」という見通しも立てられません。これは子どもだろうと大人だろうと同じはずです。

グラフチャートとして見える化した理由は、その瞬間にどの要素を高くすれば〝いま〟目の前にある子どもの興味を満たせるのかを明確に伝えられるからです。「これ、なんだろう?」と興味の対象を見つけたとき、ガイド=安全に案内する人は必要ありませんよね? この場合、その欲求を満たすには、この3つが必要かなと思います。

▼インタープリター(自然と人との仲介役になって自然解説をする人)
▼ティーチャー(相手が知らない知識を教える人)
▼エンターテイナー(子どもを楽しませる盛り上げ役)

さらに子どもの状態と興味を示している対象によって3つの割合も変化します。

アリに興味を示し、行列で並んでいるのをジッと観察していたら、きっとインタープリターが50％、ティーチャーが40％、エンターテイナーが10％くらいの割合になるのではないかと予測できます。ジッと観察していたらその集中力を途切らせないことが一番なので盛り上げ役はそれほど必要ありません。アリが自然の中でどう生きているか、アリがどんな生き物なのかを体感できる場づくりが、このときの子どもの欲求に応えることになるのでインタープリターとティーチャーの要素が比率として高まります。

これは感覚的に処理すればいいことで、きっちり割合を決めることもありません。ただ、こういう目安を少し意識できていれば、子どもの反応が良くなかったときに「ティーチャーを少なめに、質問して考える機会を多めに作ったほうがよかったかな」「エンターテイナーをちょっと入れて場を演出したほうがよかったな」と、次に生かせる材料ができます。自然あそびの目的は〝どのように学ぶ場を作るか？〟なので、それがうまくいけばＯＫです。

ガイドとは何か？具体的にどう使うのか？

ガイド＝安全に案内する人

一般的に、みなさんが想像するのは〝山を案内する登山ガイド〟だと思います。

まさにその通りで、まず参加者の命の安全、心身の安全を守ることが一番の仕事です。決められたプログラムの時間軸、シナリオ軸に則ってきちんと参加者を案内していくことが大きく求められている役割です。

たとえば、1時間ほど山道を登ってきて、傾斜の大きい難所にたどり着きました。そのときに参加者の年齢や体力などによって〝いま歩く〟ことが可能なのかを判断することは〝安全〟を考慮するうえではとても大事なことです。

P63～69の「親の務めは子どもが答えにたどり着く手助け！」で雨の日にカッパを作って園庭であそんだ話をしました。それに至った過程で私が考えたシナリオに触れましたが、最優先事項として最初に決めたポイントが子どもの〝安全〟です。

▼雨に長く濡れると風邪を引くので、外あそびは30分以内に収める

これは「自然あそび教室」という一つのイベントであっても同じですが、雨は特殊な環境です。主催者側からすると、雨を利用してエンターテインメント性を高める演出をすることも一つの選択肢です。だから、雨の日にカッパを作って園庭であそんだことは、子どもたちにとって忘れられない思い出になったに違いありません。

しかし、「風邪を引くかもしれない」リスクを負っていました。

ガイドは必ずその点を理解しておかなければいけません。それは全員の安全を背負っているからです。特に環境が過酷になるほど難しい判断に迫られます。また、決められたスケジュール通りに進まないようなトラブルも増えるでしょう。過酷な環境

は、自然の度合いの高さに比例します。住宅街の中にある公園、市町村が管理する公園、国が管理する大自然では、危険の度合いも異なります。

とはいえ、自然の度合いが高いほど〝あそび〟の満足度も達成感も上がります。

ここがガイドの腕の見せどころです。最近は、よく「ケガをするくらいならあそばせない」という声を耳にしますが、そういう決断だけでは子どもの学びにつながっていかないし、何よりも楽しくありません。そして、社会に出たときに自分で物事を実現する、問題を解決する力が養われません。

自然あそびを学びにつなげるため、安全性と危険性のバランスをとっていくのが、私はガイドの最大の務めだと考えています。

ガイドとは

安全に案内する人

ガイドは、参加者の命の安全、心身の安全を守ることが一番の仕事です。決められたプログラムの時間軸、シナリオ軸に則ってきちんと参加者を案内していくことが大きく求められる役割です。

インタープリターとは何か？具体的にどう使うのか？

インタープリター＝自然と人との仲介役になって自然解説をする人

みなさんの中には、「これってガイドじゃないの？」と思われている人もいるでしょう。しかし、自然を専門にした私たちの業界では、明確な線引きが存在しています。ただ、たとえば、「●●山の●●ツアー」とうたい、ガイドとして同行している人は、インタープリターなどの役割を含んだガイドなので、一般の人にはよくわかりません。

私が思うに、一般的な登山のガイドとはインタープリターの要素を低くしていることが大きな違いです。

では、自然と人との仲介役になって自然解説をする人とは何か？

単純に、あの山は「●●山です」という流れから、山の特徴や歴史を話すのはただの自然解説です。そこに、自分が感じた自然のすばらしさ、美しさ、おもしろさ、人間とのつながりなどを参加者が感じるように手助けをすることがインタープリターの役目です。

さらにそれぞれの参加者が自分の感受性を働かせ、自ら楽しめるようになってもらうことを仕掛けられることもインタープリターの仕事だととらえています。

イベントの参加者に対して〝いま〟関わっている自然をどう感じてもらえるか？

ここの部分にアプローチできる人が、私はインタープリターだと思っています。こんなことを言うと「自然のことをよく知っている人じゃないとできないね」と思う人もいるかもしれません。確かに、専門性の高さを売りに自然の仕事をしている人は「自然のことを最低限知っている人じゃないといけない」というのも事実です。

しかし、子どもが好きなように「採取する」、「集める」、「並べる」、「振り回す」など、身近な場所で自然あそびをキッカケに「どう自然のおもしろさを感じてもらえるか？」を上手にうながす程度でも十分です。その中で〝興味を持ったあそび〟を発展させていけたらいいのです。特に、子どもに対してはそのほうが学びにつながります。

まず、インタープリターは自分や人々の営みについて「おもしろい」を感じてもらうことが大きな役割です。参加者にいろいろな角度から十人十色の気づきと学びを得てもらうために言葉だけではなく、人形やイラスト、歌、ゲームなどさまざまな手法を用いて使い分けます。単なる情報提供者に留まらないところが大きな特徴です。

たとえば、こどもが葉っぱを集めていたら、「たくさん集めたね。この中で一番好きな葉っぱはどれ？」と聞き、そのあと「どうしてそれが一番好きなの？」と理由もセットで聞いてあげてください。子どもの想像力を刺激するような問いかけができれば、会話はそこから十分に広がったり深まったりしていきます。

大切なことは、〝自然〟をキッカケに〝子どもが興味を持てるものを見つけられるかどうか〟です。お母さんお父さんが子どもの目線に立ち、一緒になって興味を持ち、それを使ってあそびを考えることが〝非認知能力〟を培うには重要です。

インタープリターとは

自然と人との仲介人

インタープリターは、自然と人との仲介役になって自然解説をする人です。自分が感じた自然のすばらしさ、美しさ、おもしろさ、人間とのつながりなどを参加者が感じるように手助けをすることがインタープリターの役目です。

ティーチャーとは何か？具体的にどう使うのか？

ティーチャー＝相手が知らない知識を教える人

ティーチャーは日本語でいうと〝先生〟なので、みなさんの中には共通するイメージがあると思います。もちろん、私も同じことを想像しています。ただ、自然あそびのティーチャーとなると、少しニュアンスが変わってきます。基本的には、〝子どもの知らないことを教える〟ことに違いはありません。

しかし、思い出してください。

そもそも自然あそびを学びの場として活用する最大の利点は、〝自然は不思議がいっぱいあるからわからないことがあってもいい〟ということです。
つまり、先生もお母さんお父さんも完璧な人間を演じなくてもいい。

大人は子どもに先生として接するとき、「どうしても答えを知らないと教えられない」と先入観を持っています。

ここ数年、私は自然あそび教室の先生を務めていて、このように感じています。

「何の虫か？」
「何のキノコか？」
「何の花か？」

インターネットが普及した昨今、これらを知るだけならスマートフォンで検索すれば圧倒的に早いです。しかしながら、図書館に行って図鑑で調べることが大切です。そうすることによって、図鑑からも調べたいもの以外のさまざまな情報が入ってきて興味や知識が増えます。そして、〝調べる〟という行動自体が楽しくなり、好奇心や探究心を湧き立てます。ようするに、自然あそびに関する先生は「物事をいろいろ知っている」という知識ではなく、「どうしたら知りたいことにたどり着けるか？」

を子どもたちと一緒に探すことができたらそれでいいと思うんです。

確かに自然の中では、学校の勉強として習う理科が大いに役立ちます。だからといって「理科の知識がなければ、子どもを学びに導けないか？」と問われたら、その答えは「ノー」です。単純に知識量だけの問題なら、これから先はどこでもインターネットができる環境に近づいていくのでスマートフォンで調べたらよくて、もうＡＩに任せたらいい！

重要なのは〝学びにつながる〟ことだから〝学び方を教える〟ことが大事です。

自然は不思議がいっぱいあるから。いい意味で、この言い訳を使えばお母さんお父さんも知らないことがあるなら「一緒に調べてみようか」のひと言で肩の荷が降りるし、スマホ検索だろうと図鑑で調べることだろうと、子どもにとっては親が調べる姿を見て〝どう調べたらいいのか〟を一つ学ぶことができます。

これも非認知能力を養うキーワード「どのように学ぶか」の部分です。

ティーチャーとは

**相手が知らない
知識を教える人**

ティーチャーは、基本的には子どもの知らないことを教える先生役の意味がありますが、単なる知識だけではなく、「どうしたら知りたいことにたどり着けるか？」を子どもと一緒に探すことが、これからの時代に求められます。

ファシリテーターとは何か？
具体的にどう使うのか？

ファシリテーター＝良い場づくりをする進行役

このファシリテーターという言葉は、ここ数年、さまざまな分野で使われて一般化されました。

みなさんはどう想像していますか？

私が思うに、みなさんのファシリテーターに対するイメージは〝司会進行役〟という感じではないかと思います。これは間違いではありませんが、100％正解とも言えません。

たとえば、泊まりの自然あそび教室のときには〝夜あそび〟を企画したりします。

まずは安全が第一なので、インストラクターとして「どんなことに注意して歩くのか」をきちんと伝えます。

「石や木の枝が落ちてるからヘッドライトで左右に照らすために首を振ってね」

「石や木の枝などが落ちてるから、足を高く上げて転ばないように歩こうね」

そう教えながら少しずつ歩きます。そうしているうちに子どもたちも夜の歩き方にだんだん慣れてきます。最初のうちは恐怖心があるから「歩いてね」と言っていたのが走る子が現れたりして、子どもたちの中では恐怖心が好奇心に変化していきます。

ここあたりからファシリテーターの真価が問われるところです。

なぜならまだ恐怖心が残っている子、すでに好奇心が勝っている子など〝場づくりをする進行役〟としてはいろいろな子が混ざっていて、いろいろな状況が想定されるからです。

先生　「走りたい人？」
子ども「はーい」
先生　「じゃあ、こっちに行こうか」

……別の子たちに向けて……

先生　「ゆっくり歩きたい人？」
子ども「はーい」
先生　「大丈夫だよ。こっちにゆっくりおいで。ちゃんと先生がいるからね」

このように個々の状況に応じて臨機応変に〝場づくり〟を変えていきながら、子どもたち一人ひとりのゴールに近づけるような運営の仕方に切り替えたりします。あくまで夜あそびは一つの事例に過ぎませんが、ファシリテーターの要素としてはかなり大きな割合を占めていると思います。

ヘッドライトをつけて歩くだけでもグスグスと泣く子、夜でもお構いなしに走り回ってむしろ集団行動が難しい子、子どもによって性格はさまざまです。そうすると、夜の条件下では全員の足並みをそろえることはほぼできないので、ファシリテーターとしては少なくとも「今できるベストなグループ分け」をしないと場の収集がつかなくなります。

それぞれの子どもが「夜あそびを体験できた」という満足感を得ないと意味がないので、そのためには「どう進行するか？」は常に何かの要素と併用する形で頭の片隅に置いておかなければいけません。それは親子であっても体力的な制約、時間的な制約などが必ずあるからです。

時に恐怖心のある子にはエンターテイナーとしてそれを取り除いて次のステップに進めるアプローチが必要でしょうし、夜でも気にせずに走り回っている子にはティーチャーとして夜にしかいない虫がいることを伝えて興味を広げるアプローチをしたりすることも大事です。

その場で〝参加者が求めている〟、あるいは決めたゴールに進むために〝どのように良い場を作り出すか〟がファシリテーターの役割です。アプローチも対話、グループ分け、ルールづくりなどさまざまな方法を用いて行います。

ファシリテーターはそれぞれの段階でその場で起こる出来事と人の言動や行動を観察・分析しながら、どう進めていくのが参加者の求めているものなのかを見定めていく必要があります。

いわば、自然あそびを学ぶ場化にする〝仕掛け人〟。一般的にすごく難しく考えがちですが、私は〝子どもたちの興味の動向を追い続ける〟ことが自然あそびを学びの場づくりにする大切なポイントだと思っています。

それをキッカケに子どもたちに話しかけて〝いま求めている〟ことを引き出す。そして、引き出したモノを深めていって、また別の興味や関心と折り重なって相互作用で場が活性化していきます。それを積み重ねられる人が「自然あそびのファシリテーター」だとイメージしています。

ファシリテーターとは

良い場づくりをする
進行役

ファシリテーターは、いわば司会進行役です。個々の状況に応じて臨機応変に"場づくり"を変えていきながら、その場で"参加者が求めている"、あるいは参加者が決めたゴールに進むために"どのように良い場を作り出すか"がファシリテーターの役割です。

インストラクターとは何か？具体的にどう使うのか？

インストラクター＝技術を指導する人

自然あそびのインストラクターは、たとえば虫眼鏡の使い方を教える場合、「こうやればうまく使えるよ」と伝えることはもちろんですが、私は「太陽は見ないでね。目が見えなくなってしまうから」と利便性と危険性の両面を指導できる人だと考えています。

それは基本的に教える対象が〝子ども〟だからです。

虫眼鏡の使い方といってもいろいろありますよね？　モノを大きく写し出す他に何かありますか？　きっと小学校の理科の実験でもやったことがあると思います。黒い紙に太陽光を一点集中させて煙を出す実験をしたはずです。

つまり、モノの使い方にも段階があって、その技術を使う対象である子どもの発育発達とリンクしていく必要があります。

他でたとえると、ハサミの使い方。

小さい子どもは、まだ手先を思い通りに動かすことができないので切れ目にそって切り込みを入れていくのが難しい。だから、インストラクターは最初からそれを求めてはいけません。使い方にも段階があり、まっすぐ切ることと、丸く円状に切ることは違うので、自然あそびのインストラクターは〝切る技術を教える人〟と解釈するのではなく、〝切る技術を段階的にケガのないように教える人〟ととらえると、子どもが日常生活で楽しくハサミを活用できるようになります。

「15ｍくらいの高さの木にブランコを作りたい」

たとえば、子どもがこんなことを言ったとします。自然では、ありえない話ではありません。もちろん対象年齢によって伝える技術と、仕掛ける側ができることがある話なのでやれることとのバランスは現実的にあります。時に大人であってもできないこともあるから「ちょっとこれはお母さんにはできないわ。でも、こういうことならできるよ」と交渉することが必要かもしれません。

いずれにしろ、子どもの「やりたい」に寄り添うなら考えるポイントはあります。

▼どう安全を確保するか
（「使う道具でケガをしないか？」／「吊るす部分が折れないか？」）
▼座る部分をどう作るか
▼どうやって高いところからブランコを吊るすか

つまり、インストラクターは技術を教えることも大事ですが、それを〝どう自分たちの生活の中で安全に活用できるか〟を教えることも重要です。結果的に、それが安全性を伝えることにもつながっていくことだと思います。

インストラクターとは

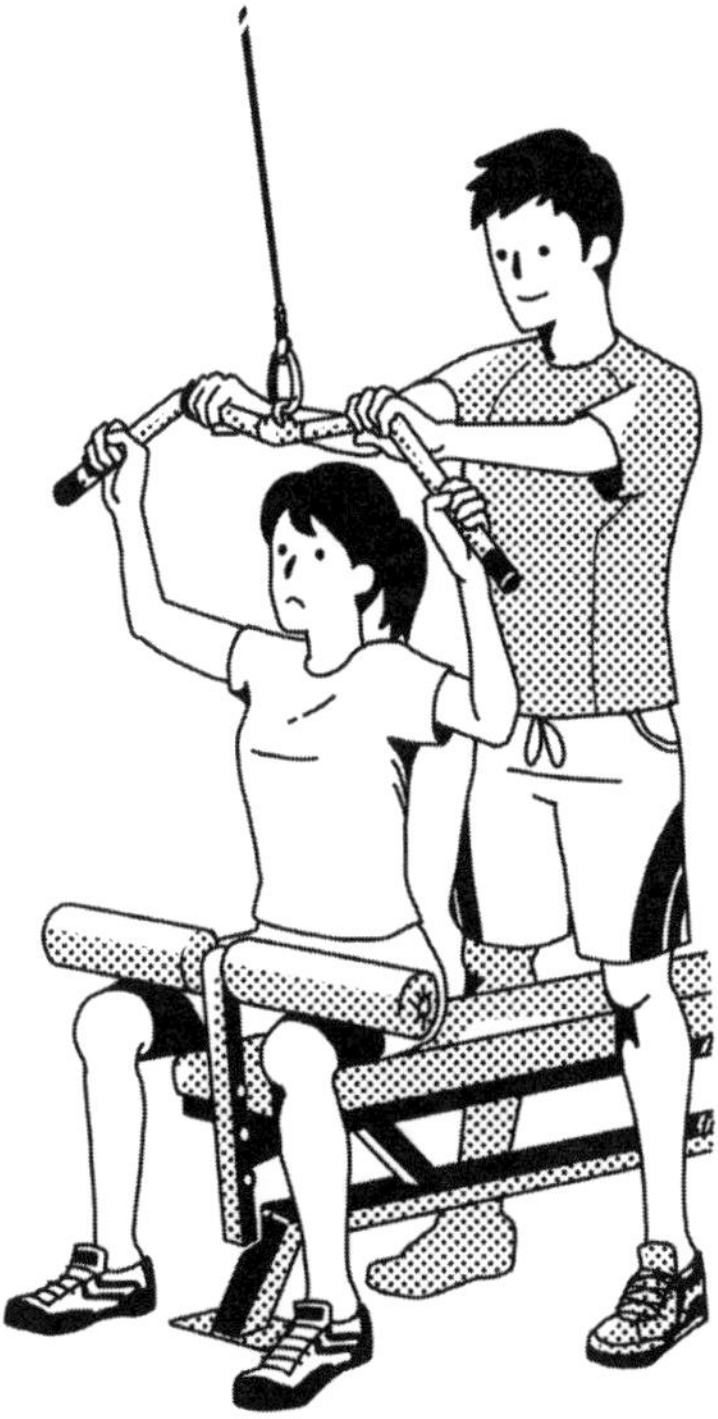

技術を指導する人

インストラクターは技術を教える人です。そして、技術を伝えることも大切ですが、それを"どう自分たちの生活の中で安全に活用できるか"を教えることも重要です。利便性と危険性の両面を指導できることが求められます。

エンターテイナーとは何か？具体的にどう使うのか？

●エンターテイナー＝子どもを楽しませる盛り上げ役

エンターテイナーは自然あそびを「楽しい」「おもしろい」に変えていくために必要不可欠な要素です。これはみなさんが想像する通り、自然あそびのときにお母さんお父さんや先生が〝ユーモア〟を持てるかどうかです。

▼いたずらを仕掛ける
▼冗談を言う
▼驚く技を見せる
▼顔芸をする……etc.

方法はいくらでもあります。ただ「いつもユーモアに振舞っていればいいか？」と言われたら、そうではありません。子どもたちが集中している場合は集中力が途切れることになるので、逆に邪魔になります。

私が大切だと思うのは、ユーモアを出す〝タイミング〟です。

自然あそび教室を開くときによく起こることは、対象年齢が小学校低学年くらいまでの子どもだと教室がスタートしても思い思いのことをやっていて、なかなかこちら講師側に注目してくれないことです。そういうとき、注目を集めるためにエンターテイナーになります。絵を描いたり、いたずらしてみたり……。

他にも、外あそびのときは部屋の中と違い、鳥や蝶々が飛んでいたり、葉っぱが揺らいでチラチラと目に光が入ってきたり、突風が吹いたりといろんな出来事が起こります。そういう環境で〝子どもの興味の動向を追わず〟に強引に物事を進めようとしても、うまく〝学び〟につなげられません。

芸人さんがよく〝場の空気を読む〟と言っていますが、まさにそれです。

エンターテイナーを効果的に使うためには、子どもを感じることが大切です。そのためには、お母さんやお父さんがイライラしていたら感じられるものも感じられませんから、同時に自分たちの心の動向を読み取ることがポイントです。

子どもに接するとき、前提としてお母さんお父さんの心の落ち着きが必要です。

そこからスタートするから場の空気を読むことができて、6つの要素の使い分けがそれぞれできるのではないでしょうか。空気を読むこと、タイミングはどの要素にも当てはまることです。

エンターテイナーとは

子どもを楽しませる
盛り上げ役

エンターテイナーは、場の空気を読みながら子どものやる気を導き出せる人です。そのためには、自分自身が心の落ち着きを持ち、子どもの様子もしっかりと感じることが大切です。

コラム2

新しく取り組まれている幼児・学校教育で一体〝何が〟できるようになるのか？

2018年からスタートした幼児・学校教育の改革では、アクティブ・ラーニングが取り入れられ、子どもが主体的に対話を重ねながら学びを深める学習方法にシフトチェンジしています。

では、そのようにして学ぶと、具体的に何ができるようになるのか？

文部科学省が配布するリーフレット「生きる力　～学びの、その先へ」には、次のように記載されています。「何ができるようになるのか」という結果の部分についてですが、「社会に出てからも学校で学んだことを生かせるよう、3つの力をバランスよく育みます」と明記されています。それが次の項目です。

【資質・能力の3つの柱（力）】

①実際の社会や社会の中で生きて働く「知識および技能」

②未知の状況にも対応できる「思考力・判断力・表現力など」
③学んだことを人生や社会に生かそうとする「学びに向かう力・人間力など」

①に関しては、従来通りの幼児・学校教育で行き届いていた部分だと認識しています。序章でも触れましたが、これは、私の解釈では〝認知能力〟に大きく関与する部分です。つまり、きちんと幼児・学校教育を受けて学んでいけば得られる能力だと考えています。

しかし従来どおりの教育では、なかなか身につけることが難しく、まさに子どものうちにアクティブ・ラーニングによってそれらの力を伸ばそうとしているのが、②と③に関することです。この二つについては幼児・学校教育で働く先生たちも手探りで「どのようにして教えたらいいのか」を試行錯誤している最中だと思います。

どのようにして②と③を実践するかは、おそらく人によって千差万別に存在するため、教員免許などを取得する際に使用する教科書はもちろん、それを学ぶためにカリキュラムに落とし込むことも容易ではありません。だから、10年ほど前から国がさまざまな専門家を集めてたくさんの議論を交わし、少しずつ形作っています。

その骨格となるモノをわかりやすくまとめたモノが、文部科学省が配布している「生きる力　～学びの、その先へ」です。執筆時は2019年2月発行のモノ。

アクティブ・ラーニングで育みたいのは教育で数値化できない部分

本来、人が持つすばらしい能力はすべてを数値化できるとは限りません。その数値化できない部分が育つことを忘れてしまうと、たとえば道徳を忘れて急速に発展した問題の多い都市のように何かいろいろな悪い事件などが起きてしまいます。

私が世界一周旅行をしたとき、ケニアのナイロビに行ったことがありました。はじめは「すげぇ、こんなビルがいっぱいあるんだ」と驚きました。車は走っているし、みんな携帯を使っているし、インターネットカフェもたくさんあって「不自由ないじゃん」と。しかし、数日滞在していると、夜には銃声がバンバン鳴って、泥棒が多くて、「なんだこれ?」と思う問題をたくさん抱えていることが判明しました。私は「きっと道徳的な人間教育を忘れてしまったんだな」と感じたことを覚えています。

数値化できるものが急速に発展しても、人間性などの中身が同じように身につくとは限りません。見た目が裕福なことと、中身が裕福なことはまったく違います。そもそも人は一人では生きていけないことを理解することが重要で、でも学校も社会も人が人を評価するから多くの人が数値化できるものに集中しがちです。

「テストが何点だった」

「100mを何秒で走った」
「全国模試で何点をとった」

こういうことは一つの自信になるので大事ですが、その人を形作るモノとしては一つの要素でしかありません。だから、それ以外の数値化できない部分が育っていかないと、これからの時代は社会に出たときに「困るんじゃないかな」と思います。とはいえ、そういう数値化できないものは評価しにくいわけです。

これまでの日本は数値化できるものを大きな評価基準にすることで経済発展を遂げました。インフラの普及と発展は、まさにその象徴です。そのおかげで人々の安心安全が確保され、生活は確実に豊かになりました。しかし、その一方で起こっている問題もありました。

たとえば、いじめや自殺などの問題。

ある意味、これまでの日本が「いまは手をつけないほうが吉だな」と目を背けていた部分です。これからの日本は、たとえば学校の通知表で先生が「◎/〇/△」と評価をつけるところではなく、「●●係をやっていて、いつも責任感を持ってがんばっているところが素敵です」みたいに手書きされたところが重要ではないでしょうか。素敵って何点とは数値化できないですよね？　そういう数値化できない、いわゆる未知の〝非認知能力〟に関わる部分がこれまで日本が目を背けてきたことで起こった問題を解決するポイントだと考えています。

素敵という評価をもらったけど、その子にとってはいろんな失敗があって、いろんな成功があって、いろいろ悔しがって、たまに褒められてと、さまざまな過程を試行錯誤して経験しながら人として成長していったわけです。私は、その過程で学ぶために必要な教育がアクティブ・ラーニングではないかと思っています。

成長の過程に、どうアプローチするのか。

自然あそびに失敗はつきものですし、だからこそ次に成功するためにどうすればいいかを考えさせられます。そこで、考えるときにできることは二つしかありません。一つは一人で考え抜くこと。もう一つは誰かと一緒に考えることです。子どもにとっては両方が大事です。そして、考えるためには同時に〝知識〟も必要になります。

どうやって知らないものを知るか。
どうやって知らないものを教えてもらうか。

この「どうやって」の部分をおざなりにして思考力、判断力、表現力が大事だといっても、子どもはちんぷんかんぷんです。言葉の意味を知らないなら調べるしかありませんし、調べても意味がわからないなら誰かに教えてもらうしかありません。

2018年から始まった幼児・学校教育の改革で注力されているアクティブ・ラーニングで身につけられる「資質・能力の3つの柱」を掘り下げていくと、①〜③は間違いなく社会に出て生きていくうえで土台になる力です。

①実際の社会や社会の中で生きて働く「知識および技能」
②未知の状況にも対応できる「思考力・判断力・表現力など」
③学んだことを人生や社会に生かそうとする「学びに向かう力・人間力など」

3つのうちの「どれか」ではなく、「どれも」大切であり、特に幼児から小学校低学年くらいまでの間にこの3つを養うことが、その後の人生の大きな糧になります。

それぞれの子によって①~③の中で得意なものが必ずあるはずです。先生やお母さんお父さんは、それを見極めて学びにつながるように寄り添うことが大切です。一つ日常的に起こりそうな事例を挙げてみましょう。

たとえば、公園であそんでいると子どもがテントウ虫を見つけたりしませんか?

子ども「これ、何?」
お母さん「テントウ虫っていうのよ」
子ども「どうやって捕まえるの?」
お母さん「こうやって捕まえるの」
子ども「僕(私)もやってみる!」(と行動に移る)

まず、子どもが興味を示して質問したことに「テントウ虫」と答えています。さらに好奇心に寄り添って捕まえ方を指導し、子どもが自分ごと化して「テントウ虫を捕まえる」体験を行っています。もし捕まえられなくてももう一度教えたらいいですし、もし捕まえたら今度は次の工程に入ります。

子ども「やった！　捕まえられた」
お母さん「よかったね。優しく捕まえておかないとつぶれるからね」

こうやって何気なく生き物の命の大切さを伝えつつ、同時に小さい生き物を扱うときに力加減が必要なことを体感してもらっています。

また、捕まえてからも「観察」することによって新しい学びを展開していくことが可能です。丸い模様がいくつあるのか？　どうやって飛ぶのか？……。親子の会話によって子どもの好奇心や探究心を湧き立てることができれば、未知の世界はより深まり、より広がっていきます。子どもは心が揺さぶられると、大人が想像する以上に世界を大きくしていきます。

「ねぇ〇〇ちゃん、これ何ていうか知ってる？」

たとえば、お母さんと一緒に捕まえたテントウ虫という存在を、友達にも教えようとしたりします。そうすると、学びとしては次のステップに進みます。あるいは、テントウ虫を触りたくても触れない子に捕まえ方を教えてあげたりします。

「〇〇ちゃん、こうやったら捕まえられるんだよ」

子どもはまわりに人がいたら自然に学んだことを活用していきます。自然あそび教室を開いて思うのは、自然だと「何か知識や技能を得て、それを使ってあそびながら学びを広げたり深めたりして、周囲の人をキッカケに別の形へと変えたり展開したりしていく成長サイクルを生み出しやすい」ということです。

先ほど公園でのテントウ虫を介した子どもとお母さんのやりとりを細かく解説しましたが、2018年から始まった幼児・学校教育の中で身につけさせたい「資質・能力の3つの柱」に照らし合わせると、①〜③で身につけたい力に対してすべてアプローチできていることがわかります。

①実際の社会や社会の中で生きて働く「知識および技能」
②未知の状況にも対応できる「思考力・判断力・表現力など」
③学んだことを人生や社会に生かそうとする「学びに向かう力・人間力など」

ここ数年、本当に「非認知能力が大事」だと強くうたわれるようになりました。もちろん本書でも、その重要性をわかりやすく伝えています。しかし、私は認知能力の部分である①も、非認知能力の部分である②と③も両方学んでこそ社会で生き抜く力が備わると実感しています。

学ぶ過程としては、①を養って次のステップで②や③に到達できたほうが、子どもの発育発達に適しているように感じています。

それに子どもはできないことだらけで知らないことは知るしかありませんし、①を度外視して学びにつなげることはできません。幼児・学校教育では、②の部分を強調していますが、③の「学びに向かう力」という部分には気づく力だったり、好奇心や探究心を抱く力だったり、そもそもの学びのスタートとなることに大きく関連性を持っているので、私の中ではどれか一つを抜き出すことはできませんし、抜き出して学んでも結局は社会に出て困ることになると予想しています。

だからこそ、第一章のＰ84〜109でお母さんお父さんが子どもに対して自然あそびを学びに変える6つの方法「ガイド、インタープリター、ティーチャー、ファシリテーター、インストラクター、エンターテイナー」が大事だと説明しました。大人がこれらを使い分けるから①〜③が身につけられるのです。そして、子どもたちの学びの過程で欠かせないモノが〝自然〟と〝人〟だと思っています。

自然あそび
からどんな

第二章

非認知能力が学べるか

自然あそびを通じて学ぶ〝非認知能力〟とは何か？

非認知能力に必要な3つの柱は10歳までに育む

そもそも文明が発達する前の人間は、近代のように整っていない環境の中で生活し、あらゆる知恵と工夫をもって人としての営みを行っていました。これが生きる力の原点です。私が自然あそび教室を開くうえで大切にしていることは、「自然では突発的にさまざまなことが起きるんだけど、でも整えられていない環境の中で『いま置かれた状況をどうするか』はそのまま人生の役に立つ」ということです。

それを幼児・学校教育の中で〝アクティブ・ラーニング〟として学んでほしいと、2018年からスタートしたのが現在進行中の教育改革です。文部科学省が配布するリーフレット「生きる力　～学びの、その先へ」では、その学びの先に「何ができるようになるのか」という問いに対して「社会に出てからも学校で学んだことを生かせるよう、3つの力をバランスよく育みます」と次の項目を打ち出しています。

【資質・能力の3つの柱（力）】
①実際の社会や社会の中で生きて働く「知識および技能」
②未知の状況にも対応できる「思考力・判断力・表現力など」
③学んだことを人生や社会に生かそうとする「学びに向かう力・人間力など」

この国が掲げた3つの項目について、私が開催している自然あそび教室の経験から考えると、とてもいいことだと思っています。

一つ付け加えるとすれば、「勉強で身につける〝知識および技能〟以外の能力を養うことに対して、何歳までにアプローチするのがいいのか」という点です。私は「10歳くらいまでに自然あそびから学んでもらう」ことが、最も効果的に子どもの成長タイミングに合っているのではないかと感じています。

これは早期教育という意味ではなく、〝原体験〟という意味です。自然あそびの中で子どもが学んでいく一連の様子を観察していると、「原体験が大事なんだな」と思うシーンにたくさん出会います。

【自然あそびの学びサイクル　その1】

①大人から技術を教わる
←
②子どもが試して技術を得る
←
③どんどん技術を活用する
←
④技術を応用してあそびを深める
or
④違う発想をして他のあそびに発展させる

簡単に学びのサイクルを紹介しましたが、10歳くらいまでの子どもは、技術や知識をどんどん得ていくよりは技術そのものを欲したり活用したり、あるいはその必要性を知ったりするところに興味を持っているような気がします。だからこそ子どもの発育発達段階の特性を生かし、10歳くらいまでにその学びサイクルを心で、頭で、体で積むことが大切です。まずは、そんな原体験の場をたくさん作ってあげることです。

小学校低学年あるあるだと思いますが、たとえば、自分の名前を漢字で書くこと。先生やお母さんお父さんはただ名前を漢字で書いてお手本を見せていますが、子どもの立場からすると、別に名前を漢字で書かなくてもいいわけです。

教育課程上、書かないといけないから学ばせる。

この大人側の考えは理解できますが、子どもの学び方としては〝やる気スイッチ〟が入りません。「かっこいいから書いてみたい」などと思えるような何らかのキッカケがあり、「初めて名前を漢字で書いてみた」という原体験を通して自らの漢字の名前を知ったほうが、おそらく記憶の意味も違ってくるのではないでしょうか。

小さい頃の英語教育も同じです。お母さんお父さんは英語を話すことを褒めますが、本来は「英語を使って何をしたか」のほうがずっと大事です。英語を話せても、誰とも会話しなければ意味がありませんし、一生懸命コミュニケーションをとるから「より学ぼう」と思えたり、その先に相手と一緒に「何かを生み出す」ことができたりするわけです。

自然はそういう原体験のキッカケを作りやすかったり、それそのものをたくさん積みやすかったりする環境がいろいろあります。自然は時間とともに刻々と環境が変化します。たとえば、葉っぱを拾っても同じものはないし、今日行った公園と明後日の公園は花や虫、目で見る彩度や肌で感じる気温などさまざまな点で違うところがあって、子どもはそういう環境に飛び込めば感じることも変わります。

昨年、熊本であるアウトドアブランドと一緒に親子参加型の自然あそび教室を開催しました。その中で参加者には川の渓流を使った自然あそびを体験してもらったのですが、私自身はいろんなことを発見しました。

子どもは水位が膝の高さを越えると「怖い」という心理が作動します。そうなると、前に進めなくなります。思考回路も止まってしまいます。しかし、一緒に参加しているお母さんやお父さんは子どもが恐怖を感じているのはわかるのですが、その先にどうしたら「子どもが歩いて前に進めるようになるのか」がわかりません。

方法は絡まった糸を一つひとつほぐすように作業をしていくしかありません。まずは、子どもの恐怖を取り除くことから始めます。

お母さん「まず、ここまで行ける？」（と手本を見せる）

子ども　「行ってみる」
お母さん「行けたね。ここまで行けたから、次はここまで行けそうじゃない」
子ども　「行ってみる」

……数分後

子ども　「できた！」
お母さん「やればできるじゃん！　ナイス！」

このように一つずつステップをあげて「できることを積み重ねる」体験を作ることが大事です。また、ここで重要なことは手本を見せるときに「絶対、こういう場所に入らなければ大丈夫だよ」という安全ラインを示してあげることです。子どもはそこで安心感を得るから「挑戦してみよう」という気持ちになるのです。

【自然あそびの学びサイクル　その2】
①水位が膝を越えて「恐怖」が生まれる

↓

②恐怖から「思考回路」も停止してしまう

↓

③結果、前に進めなくなってしまう

↓

④そこで大人が「安全」なエリアを示すために見本を見せる

↓

⑤子どもが安全なエリアを知って「心」がほぐれる

↓

⑥すると、「挑戦」する気持ちが生まれて前に進み始める

川の渓流といっても、いろんな環境があります。流れが強いところや弱いところ、速いところや遅いところ、あと石と石がぶつかり合って巻き込みが生じているところなど、人工的には決して生み出せない環境です。親子参加型の強みは、お母さんやお父さんが自分も初めての世界に挑戦することで、子どもに手本を見せて安心感を与えられることです。

このイベントでは川の渓流で起こる環境を活用して「トライ」する機会を増やし、実際に親子で体験してもらいながら子どもに「僕もやってみる」「僕がやってみる」と自ら決めて行動できるように仕掛けていきました。

小難しく考えずとも、こんな会話からスタートすれば十分です。

子ども「どうしようかな……」
お母さん「やってみなよ」

たったこれだけのやり取りから、最終的には「やってみようかな」と挑戦する気持ちになり、行動に移せることは非常に大きいです。これも自然だからこそ生み出せる環境かなと思います。子どもは安全ラインをちょっと超えた挑戦をクリアしただけでも、ガラリと自信を得た表情になっていきます。そこで、お母さんやお父さんが「どうだった?」と具体的に聞いて子どもにその自信を外に出させるだけで、体感が経験へと変換され、またうれしい感情を伝えるために言葉の数も表現も広がります。

もちろん自然あそびは安心安全が第一なので危険な場合は止めなければいけません。しかし、それも〝命〟や〝大ケガ〟に関わることであって、たとえば洋服が水で濡れるとか、川で転んでしまってすり傷を負ってしまうとか、それくらいのことであれば「挑戦」側に天秤に傾けてあげたほうが、子どもの成長に大きな影響を与えることができるのではないでしょうか。

私が「10歳までに非認知能力を身につけるために自然あそびを行う」ことをお勧めしている理由は、子どもの発育発達の部分が関与しています。

小学校高学年くらいになってくると、だんだん思春期に近づくため、子どもはお母さんやお父さんに対しても少しずつ壁を作るようになります。その段階に入ると、どうしても大人と同じように〝心の鎧〟を取り除くのに時間がかかってしまいます。

親子参加型の自然あそび教室で、私がポイントにしているのは最初にお母さんやお父さんの五感を解放することです。大人側が喜怒哀楽を表に出さないと、子どもに緊張が伝わって〝場〟がほぐれません。そういう意味では、参加者の〝心を解放する〟ことは自然あそびを行ううえで重要課題といえます。

小学校教育の部分に少し触れると、現在の授業のあり方は一方的なアプローチがどうしても多いと思います。

①先生から問題が出される
↓
②生徒がそれを解く
↓
③先生が答えを聞く
↓
④生徒が答える
↓
⑤生徒が正解か不正解かで評価をされる
↓
⑥正解者は自信を得て、不正解者は自信を失う

この工程を見ると一目瞭然ですが、お世辞にも挑戦できる環境だとは言えません。日本の学校教育の癖というか、ネガティブな意味での指摘になりますが、子どもは本来まだ未開発な状態であるはずなのになぜか大人が「できる・できない」という

レッテルを先に貼ってしまう風潮や傾向があります。

たとえば、大人の誰かが目の前の子を「赤」だと言い始めると、周囲も同調して「赤」だということを前提にレッテルを貼られた子の話題が一人歩きをしていきます。でも、実は「その子がまだ白いキャンパスのままだった」としても、すでに子ども一人の力ではそのレッテルの広がりを覆すことはできないレベルです。そうなってしまうと、周囲がその子を貼られたレッテルのままで見てしまうため、その子もだんだん「自分は〝赤い〟人間なのかな」というマインドに陥ってしまいます。


自然の中に身を投じると五感の解放とともに、「自然には勝てない」という心理が働くから「やりたい！」を前提に事が起きたとしても、どうしても無理なものは「無理！」、違うものは「違う！」と口にしやすい環境が作りやすいです。だから、子どもが現段階では自分ができないこと、無理なことをお母さんやお父さんにも伝えやすいと思います。しかし、これは成長過程では必要なことですし、自然なことではないでしょうか。できない、無理だから挑戦してできるように、また自分のいまの限界を知ることができるのです。

10歳を越えると、実は失敗や未知の世界に飛び込むことに対して〝臆病〟になってしまいます。それなのに、子どもはそれを隠そうとして理屈っぽく反抗して結果的に〝挑戦の方向へと進まない〟原理が働き始めます。

子どもは良い意味でも悪い意味でも小学校教育の影響を受けます。つまり、学校教育の物差しで自分や他人をはかることが当たり前化します。しかし、学校教育で学ばなければいけないモノは当然存在しますから必要なことです。

たとえば、四則計算。

学ぶ理由を一つ挙げるとすると、貨幣経済を成り立たせていくうえでは必要不可欠な教育です。「1+1=4でもいいよ」と何事も自由にしてしまったら世界が回らなくなりますから、やはり学校教育で学ぶ基礎的な知識および技能は生きていくために習得しなければいけないことです。

ただ、個人的に幼児・学校教育の〝学び方〟には「●●したい」という学ぶうえで大前提となる心の部分が抜けていると考えているため、万能ではないことも知ってほしいと思っています。

「それ、やってみたい」
「あれ、マネてみたい」
「ボールを投げたい」
「なわとびを跳んでみたい」……etc.

やはり、「●●したい」から始まった「知識あるいは技能」は「思考力・判断力・表現力など」へと広がったり深まったりすることが多いですし、それを誰かのために使いたいと「学びに向かう力・人間力など」に発展していくことが多いと感じます。きっと「●●したい」があると、失敗しても自分を奮い立たせて何度でも挑戦できるでしょうし、「なぜできないのか？」を大人が言わなくても一人で考えるはずです。

しかし一方で「やらされた」ことは失敗して指摘されたり怒られたりしたら「よし、もう一回挑戦してみよう」とはなりにくいですし、「今日はもう終わり。あそびに行こう」とも切り替えにくいです。それが小学校低学年で失敗を恥ずかしいと思わない年齢なら気持ちが次に向かうことも切り替えが早いですが、上級生になっていくほど自尊心を傷つけられて失敗を引きずることが多いです。

だから、10歳までに認知能力から非認知能力へとつながる一連の原体験を数多く経験できる自然あそびをしてほしいと感じています。

親子参加型の自然あそび教室でなくとも、普段の日常生活で子どもと一緒に公園であそぶことはあるでしょうから、その中でもお母さんやお父さんが「失敗をどう成功につなげられるか」と発想に転換すれば失敗を許容できる心構えができます。

それが日常生活から少し離れた自然度の高い公園に行くほど心が解放されるので、お母さんやお父さんも失敗しても「仕方ない。次に切り替えよう」と思えます。そうやって大人が「失敗ＯＫ」の場づくりをして、「自分も失敗するんだけど、また真剣に挑戦して成功する」ことを子どもと一緒に体験してみたら、だんだん自然あそびが学びの場へと変わっていきます。

ただ、こういう体験はお母さんやお父さんも子どもが大きくなるほど恥ずかしさが増します。だから、むしろ小さい頃からお互いの失敗を笑い飛ばせるような関係づくりをしておくと、10歳を過ぎて小学校高学年になる頃にも「挑戦できる環境」がそのまま継続できるような気がします。

子どもが小さいほどお母さんやお父さんも「ちょっと失敗した。ごめんね」と認めやすいでしょうし、小学校高学年になるほど恥ずかしい思いが強くなるでしょう。

自然あそびは答えのない環境だから子どもの学びが広がり深まる

自然あそびを通じて非認知能力を学んでもらうとき、私は自然と人をどう生かすかが子どもの成長に大きく作用すると考えています。

たとえば、小さい頃に近くの公園であそぶとき、お母さんと子どもか、お父さんと子どもかの二人の関係からスタートすると思います。そこからお母さんとお父さんと子ども、お母さんとお父さんと自分と兄弟というように関わる人が増えるほど学ぶものも、学び方も変わっていきます。特に自然の中で得られるものは知識や技能だけではなく、人が関わることによって〝社会性〟というジャンルが加わります。

自然という人間の五感を開きやすくて〝素直になれる〟環境の中で、お母さんやお父さんが〝どう関わるか〟をうまくコントロールできれば、様々な社会性を育みやすい〝場づくり〟ができるわけです。その場づくりに必要なことを提案したのが、第一章で紹介した次の6つの要素です。

【自然あそび教室の先生に必要な6つの要素】
① ガイド　　　　　　（安全に案内する人）
② インタープリター（自然と人との仲介役になって自然解説をする人）
③ ティーチャー　（相手が知らない知識を教える人）
④ ファシリテーター（良い場づくりをする進行役）
⑤ インストラクター（技術を指導する人）
⑥ エンターテイナー（参加者を楽しませる盛り上げ役）

何より小学校低学年くらいまでの子どもにとっては、お母さんやお父さんが自分自身の安心安全を担保してくれる存在です。そういう人に優しく見守られた自然環境があるから子どもは「思い切り何かに挑戦できる」し、その場の「失敗や危険を気にしないで真剣に成功するまでやり続けられる」のだと思います。

また、お母さんやお父さんも自然あそびという体験を一緒に共有することが、子どもの成長を大きくする材料になります。子どものあそびを体験していれば、お母さんと子どもの間に次のように心の交流が生まれます。

お母さん「そこ滑っておいで」
子ども　「行ってくる」
お母さん「どうだった？」
子ども　「楽しかった」
お母さん「でしょう」

　お母さんが体験していることによって二人の想像の範囲で起きる共有ではなく、より細かい部分の感情の揺れ動きを含めた行動＝あそびを共有することで、終わった後にやりとりする会話も学びに大きく影響を及ぼします。さらに、その後に起こるであろう子どもの学びにおいても大きな材料になります。そのときに親子で体験した原体験があるので、お母さんやお父さんも現在の学びの輪に入ってさまざまな会話をすることができます。

　だから、私が親子体験型の自然あそび教室を行うときは、必ずお母さんやお父さんにもあそびを体験してもらうようにしています。

それにお母さんやお父さんにとっては子どもの頃に経験をしていたあそびだったとしても、大人になってからもう一度あそびを体感すると想像とは違う気づきが多々あります。自分の中でも、そのあそびをアップデートしなければ子どもと気持ちを共有したり、子どもの成長に適した導きをできません。

ちょっとした言葉尻の違いですが、「だろう」より「だよね！」と言ってあげたほうが子どもにとっては共感性が高いです。

お母さんやお父さんもオンタイムで生きた体験をすることが大事だと思います。そうすれば、自然あそびを学びの場づくりへと変える6つの要素「①ガイド／②インタープリター／③ティーチャー／④ファシリテーター／⑤インストラクター／⑥エンターテイナー」を自在に扱えるようになります。これら6つは手法ですが、子どもと同じ体験をしているから「どう活用すればいいいか」が的確にわかるわけです。

子どもが学ぶこととはいえ、勝手に体験させればいいわけではありません。大人も体験を通じて湧き上がる感情から出る生きた言葉を発するから、子どもの琴線にも触れて興味が湧いたり、体験したり、考えたり、失敗してももう一度立ち上がったりして学びを深めたり広げたりするのではないでしょうか。

自然あそびから学ぶ非認知能力〝3つの柱〟を知る

自然あそびで学ぶ具体的な〝知識および技能〟とは？

日本の学校教育は知識や技能を大事にしています。これに異論はありません。しかし、身近な自然あそびをテーマにした場合に、知識や技能は学校教育ほど重要かと問われると、私はそこまで高いとは感じていません。

もちろん自然の度合いが高くなるほど安心安全を確保するため、知識や技能は必要になります。飯ごうでお米を炊く作業は知識がなければ食事ができませんし、安全性にも関わります。ただ、自分たちの身近にある公園レベルの自然では、知識や技能がさほど必要だとは思いません。それに自然度が低い公園で子どもに学びの〝場〟を作るのであれば、たとえば知らない場合はこんな対応をすることも可能です。

子ども　「ねぇ、この虫なんていうの？」

お母さん「う〜ん、わからないなぁ。なんていうんだろうね」
子ども　「お母さん、知らないの？」
お母さん「知らないの。だから、一緒に調べてみようか」

正直に言うと、いまの時代は〝知識〟という面で知らないことがあればスマートフォンで検索したら簡単に調べることができます。スマホ・ネイティブの現代っ子たちはもう小さい頃からそのことを知っていますし、使いこなしている子も多いです。だとすると、「どのように調べるか」を一緒に体験してあげたほうが、そのあとに子どもの知識や技能として残るモノになるのではないかと思います。

その場では難しいですが、帰り道に図書館や書店に行って図鑑で調べてみるのも一つの方法です。あとは、その場でスマホ検索して「このサイトでは●●という名前が書かれているけど、他のサイトはどうかな？」と別サイトを検索し、「このサイトでも同じ名前が書かれてあるから、きっと●●で間違いなさそうだね」とインターネットでの調べ方を教え、信憑性の高い答えへのたどり着き方を見せるのも一つです。

自然あそびに関する直接的な知識や技能を身につけるという点では多少のズレはありますが、一つの学びを得る行為そのものに対する価値は子どもが体験していますし、〝知恵や工夫〟などの部分を大事にしてもらいたいです。

お母さんやお父さんがイメージする自然あそびの常識は「日常生活の中では常識なんだけれども、自然あそびにおいては通用しなかったり、常識でなかったりすることがある」と思って思考を張り巡らせておくと、いろんな対応ができます。ここに、いい意味で自然という環境の懐の深さがあります。これが学校の勉強だと答えがいくつか決まっているうえで授業が進行されるから都合よく脱線するわけにはいきません。

実は、水生昆虫図鑑に載っている情報は意外と内容が変わっていたりします。お母さんやお父さんの子どもの頃に習っていた情報を、最新版の図鑑で子どもと一緒に調べてみると「えっ、私が覚えた情報と違う」ということは結構あります。だから、お母さんやお父さんも子どもに寄り添って一緒に知っていくと発見にもなりますし、だからこそ子どもの学びに関与できる手段や方法も増やすことができます。

たとえば、トノサマバッタを捕まえました。しかしそれが少し小さくて、お母さんやお父さんもトノサマバッタかどうか自信がありません。そこで、子どもと一緒に調べてみようということになり、昆虫図鑑やスマホ検索で調べてみるけど、実はトノサマバッタがまだ赤ちゃんで、その状態に照らし合わせられる写真や絵がなくて「はっきりした答えがわからないね。でも、たぶんトノサマバッタだと思うんだけど……」で終わってしまいました。私はこれでもいいと思うのです。

自然あそびにおいての知識や技能は、お母さんやお父さんがイメージする、いわゆる勉強で得られるモノとは違います。自然の中では、人間が生きていくうえで必要になる知恵や工夫のほうが大事になるため、モノを知らなければ「知らないなりにどう処理するか」で生活をしなければいけません。

これが自然で生きる〝オキテ〟です。しかし、現代の便利な世の中では知識や技能は簡単に得られるのに「それをどう活用したらいいか」がわからないと困っている人が増えています。また、スマートフォンで検索すると「たくさんの答えがあふれていて、どれを信じたらいいのか、どれを選択したらいいのか」がわからないと言っている人も多いです。子どもとの自然あそびに関して必要な知識や技能は、「心から湧き出る興味、欲求を満たすこと」だと考えています。

学校の勉強とは違い、自然は知らないことだらけです。だからこそお母さんやお父さんも一緒になって「知らないからどうしようか」に向き合えば、自然に子どもには知恵や工夫が身につくのではないでしょうか。

自然あそびで学ぶ具体的な〝思考力・判断力・表現力など〟とは？

前述した子どものトノサマバッタに関する質問については、結果として答えに確証は持てませんでしたが、少し考え方を変えてみると、ここから〝思考力・判断力・表現力などの非認知能力〟に関わる学びにアプローチすることができます。

たとえば、「じゃあ、ちょっと育ててみようか」と子どもに提案してみたらどうなるでしょうか？

もし子どもがその提案を受け入れたら、まったく異なる体験や経験を得ることができます。実際に育てようとすると、親子で様々な未知の壁にぶつかります。

「トノサマバッタって何を食べるのか？」

「大きく育つには、どんな環境を作ればいいのか？」
「どのくらいの期間で大きく育つのか？」……etc.

最初に調べようとしていた「トノサマバッタかどうか」を知る前に、様々な壁＝課題があることに気づき、子どもにとっては「トノサマバッタが大きくなるためにはどうすればいいのか」という未知の体験をクリアする新たな学びが発生します。もちろんお母さんやお父さんも同じ状況ではないでしょうか。

しかし、この「トノサマバッタを育てる」過程では、思考力や判断力などの非認知能力に関わる能力を自然に働かせて、目の前で次々と起こる課題をクリアしなければトノサマバッタを育てることはできません。

さらに課題をクリアするにあたって必要な知識を得るための調べ方（P140〜144参照）を事前に学習しているので、それが役立つことになります。そして、育てた結果、それがトノサマバッタであれば親子で一緒に喜び合えるし、たとえ違ったとしてもその昆虫が何なのかをまた調べてみたらいいわけです。

今度は子どもが主体的に「何を手掛かりに調べたらいいのか」を考え始めるでしょう。「姿や形はトノサマバッタに似ているんだけど、●●が違うからこのポイントをヒントに調べてみよう」とここまで学んだことを活用し、応用していくはずです。

非認知能力の中でも、思考力や判断力や表現力といった〝頭脳を使う力〟について思うのはトノサマバッタの事例でわかるとおり、〝自然環境〟の中ではそれらを身につけたり養ったりする環境が整っています。でも、一方で学校の授業に置き換えるとそういうことを学ぶ環境を作り出すことが難しいと感じています。

「トノサマバッタを育てるには？」

▼生きるには食べることが必要だ。
▼大きく育つには居住空間が大事だ。
▼育てるといってもどのくらいを目安にする？　……etc.

虫を育てるというキーワードからこのようなことを発想し、さまざまな原体験を繰り返す流れになりました。しかし、現状の学校教育の授業では、子どもの好奇心や探究心といった興味や気づきをキッカケに発想を膨らませたり、一つのキーワードやテーマから連想したりするような授業内容は少ないです。また、おそらく家庭内における親子の会話も淡白で、少し学校の授業と似た環境にあるのではないでしょうか。

当然、普段の親子の会話を「子どもが学ぶ」ことを目的に遂行することは、お母さんやお父さんにとってはハードルが高いです。子どもにとってもストレスですし、負担にしかなりません。お母さんやお父さんは仕事に追われ、家事に追われ、時間に追われて疲れています。子どもも学校に行き、宿題に追われ、習い事に追われ、友達とあそぶことに追われて忙しい日々を過ごしています。だから、親子の間の日常生活で「子どもが学ぶ」ことを意識しすぎるとストレスにしかなりません。

とはいえ、親子の関わり方で〝子どもの学び〟が大きく変わることも事実です。

私は「子どもが本来持っている好奇心や探究心を大切にしてもらいたい」との考えを持っています。特に幼児と言われる小学校に入る前の子どもたちです。もちろん小学校に入ってからも、お母さんやお父さんには「子どもが示したさまざまな興味、気づきを大切にしてもらいたい」です。

子どもの頃って「なんで？」「どうして？」と聞きますよね？

そもそも10歳くらいまでの子は「何でも知りたい」という欲求が溢れています。大人のように知識や技能を持っていないわけですから、お母さんやお父さんが「当たり前」と思うことも、子どもにとっては当たり前ではないのです。「知りたい」と思う欲求があるのは当たり前だし、小さい頃はお母さんやお父さんと話したくて相手をしてほしいと思うから「なんで？」「どうして？」を連呼する場合もあるでしょう。ほかにも、お母さんやお父さんが「ダメ」と言ってもやめずにやったりすることも意思表示ですし、それが純粋な子どもの好奇心や探究心だとも思っています。

この「なんで？」「どうして」は「子どもの学びたい」の合図のようなものです。

そのタイミングを見逃さず、いかに立ち止まって子どもの学びに寄り添うことができるか。ここは子どもの成長に大きく関わるポイントです。確かに、お母さんもお父さんも普段は生活に追われているので、子どもに「なんで？」「どうして？」と言われるとイラッとしてしまったり、ずっと連呼されると腹を立ててしまったりしますが、10歳くらいまでの子どもは「興味を持って知ることが仕事」でもあるのです。

小さい頃はどんなものにでも手を突っ込んだりしますよね。これは子どもが本来持っている素質であり、才能なのです。自然あそび教室を開いていると、そこに対して「どう関わるのか」、それを「どう処理するのか」が、私は子どもの学びや成長の肝になるなといつも実感しています。

本当は「キノコを見つける」ことがお題だったのに、偶然アリを見つけてそれに夢中になる子もいます。しかし、そこで立ち止まって「アリさん、何をしてるんだろうね」と3分くらい一緒に考えたりしたほうが、結果としてその子の興味は解決したりすることがあります。実際、その理由を聞いても正直わからないことがあります。ただ、小さい頃は大人が思う答えだったり、大人がイメージする処理の仕方だったりをしなくても子どもの中で解決していればいいことがたくさんあります。

大事なことは「お母さんお父さんが寄り添ったことで子どもが解決した」という事実です。

よくある話ですが、お母さんやお父さんは子どもの質問に対して答えず、自分の欲求に置き換えることがあります。たとえば、子どもは「どうしてカブト虫はこんなふうにツノが生えているの？」と聞いているのに「わからないな。いや、それよりテレビを見ようよ。あのおもしろい番組が始まるよ」と違う話をしています。

つまり、子どもが求めている質問の答えとはまったく違うことでその場を解決しようとしています。これは子どもの立場からすると「知りたい欲求が満たされない」状態なわけです。

もちろんお母さんやお父さんも状況によっては仕方がない場合もありますが、私はその場合の対応が重要だと思います。

「うーん、ちょっとわからないな。いまお母さん（お父さん）は調べる時間がないからあとで一緒に調べてみていいかな？」

きちんと質問に対して正直に答えて寄り添えば、子どもは納得します。そして、やはり大事なことはそのとき交わした「あとで一緒に調べる」という約束を守り、実際に一緒に調べて、子どもが納得する答えにまでたどり着いてあげることです。

子どもは自分が質問したことに対してお母さんやお父さんが置き換えて答えたことだったり、あとで調べるといって約束を果たさなかったりしたことを認識しています。こういうことが意外に尾を引いたりするのです。ご飯を食べなかったり、やたらとイタズラをしてきたり、「ここに絵を描いて待っててね」と言ったのに違う場所に絵を描いたり……。子どもなりの反抗というか、ボイコットというか、まだ自分の思いを論理的に順序立てて言葉で伝えることができないから違う形で表します。

それを見極めるのは難しいですけどね……。いつも一緒に生活しているから子どもの些細な黄色信号や赤信号に気づかないこともありますし、でもお母さんやお父さんだからこそ気づくSOSもあります。いずれにしても、子どもがいつもと違う行為や行動、変化を見せるときには注意深く見守る必要があります。

表現力という点では、私の家では床一面に紙を置いて自由に絵を描くということをしたことがあります。

子ども「絵が描きたい」
長谷部「いいよ。はい、紙」
子ども「大きく描きたい。これじゃ紙が小さいから嫌！」
長谷部「そんなに大きく描きたいんだ。なら、床一面に紙を敷こう」

こんなやりとりをして結局、床一面に紙を敷くだけでものすごく時間がかかってしまって、絵を描く頃には子どもと一緒に疲れてしまい、絵は少ししか描かなかったみたいな出来事もありました。しかし、違う体験をしました。

幼稚園や保育園で子どもに紙とペンを渡して絵を描かせたとき、紙からはみ出して絵を描く子がいますよね？　子どもは「紙の範囲内に絵を描く」という認識が植えつけられているわけではありませんから自由に描くし、夢中になるとそもそも紙の存在を忘れて没頭した結果、紙からはみ出すこともあります。

だから、私は最初から大きな紙を床一面に敷いておいて絵を描かせたりしてもいいと思います。そのほうが子どもは自由な発想で絵を描きますし、子どもにしかできない絵の表現をするかもしれません。

「何のため」に絵を描くのか。ここについては、子どもとお母さんお父さんとの間には大きな隔たりがあります。子どもの理由は「絵が描きたい」だけです。しかし、お母さんやお父さんの理由は別にあって、それがいつの間にか「紙の範囲内に絵を描くこと＝キレイに描くこと」に心理的に置き換わっています。

ここに気づかなければ表現力とか思考力とか判断力とか、本書のテーマである〝非認知能力〟に関わることを子どもが学ぶことは難しいです。

たとえば、大人になればなるほど「ノートを使う」という行為そのものには、自然にルールが定められています。

▼キレイに使う
▼右から使う
▼文字は丁寧に書く
▼ジャンルを分ける……etc.

当然のようにこれらのルールに則って使うことが正しいと思っています。しかし、学校の授業で先生が黒板に書いた内容をノートに書き写すことと同じで、「何のため」にノートに記すのかという「何のため」が、意外と書いている本人に質問しても答えられない大人も多いんですよね。ゴールが見えていないのです。それこそ生徒の中にはノートを書く理由が「先生（お母さんお父さん）に褒められたいから」「通知表の内申点が上がるから」になっている子もいたりします。

思考力、判断力、表現力などに関わる非認知能力を養うポイントは、子どもの興味から生まれる内発的な動機がないと「どうしたらいいか」に向かいません。この子ども特有の学びの仕組みをお母さんやお父さんが知ることが第一歩です。

自然あそびには、子どもが興味を持つ材料、気づく材料がたくさん転がっています。前述したトノサマバッタの話がいい例です。そういう興味や気づきがあるからこそ「どうしようか」と考えたり、「これをやろうかな、あれをやろうかな」と迷って選んだり、「どうやってあそぼうか」と工夫したりして思考力、判断力、表現力などの非認知能力が身についていくのではないでしょうか。

お母さんお父さんが「思考力、判断力、表現力などを養ってほしい」と目的が決まっているのであれば、まずは「子どもの興味を見逃さないように観察する」ことです。そして、そこから「どんなふうに深めたり広げたりするのがいいのか」を子ども目線に立って、お母さんお父さん自身が一度考えることが大切なことです。

自然あそびで学ぶ具体的な〝学びに向かう力・人間性など〟とは？

そもそも「何のために」という目的があるから、そのために必要な知識や技能を使い、思考力や判断力や表現力などの頭脳を用いてそこにたどり着こうとするわけです。大人は「さまざまな経験を経て目的にたどり着くための回路が論理的に備わっています」が、子どもはまだそれが未開発です。

自然あそび教室を開いた経験上、私は「子どもの頃にいかに大人の思考のレールに乗せずに学ぶことが大事なのではないか」と考えています。

たとえば、子どもが「カエルを捕まえたい」といったとします。お母さんやお父さんは「ねぇ知ってる？　カエルって両生類でもともとは……」とカエル情報を教え、学校の授業のように「まず、カエルのことを知りましょう」みたいなことから始めがちですが、子どもにとっては「捕まえられたらそれでいい」わけです。その手段も何でもいいわけです。別に網を使わなくても、石を投げて捕まえようが、帽子で捕まえようが、目的を果たせたら子ども自身の欲求は満たされます。

冷静に考えると、あの手この手を使って捕まえようと試行錯誤することだったり、あれがダメでこれが成功したと発見することだったり、そうやって目的にたどり着くために子どもの中で試行錯誤してどう組み立てて実行したのかという過程が、結局はすべて非認知能力に関わる学びにつながっています。

この過程の中には、自然が子どもに与えるさまざまな感性と思考に対する揺らぎが詰まっています。私は子どもが自分で考えて目的を果たすことが重要で、自然あそびだと「お母さんやお父さんも同じ目的を達成するために一緒に悩める」という環境が作りやすいというところがポイントだと感じています。学校の宿題では、こういう環境を生み出しにくいですよね。

自然あそびの中で「カエルを捕まえる」ことを実行に移すと、その目的を果たそうとする間に少しずつカエルという生態を学んだり、捕まえた後に所有欲が満たされて次はジッと観察したりして、本来の目的から派生してできる副産物がいろいろ生まれるから、そこが今までの学校教育では作り出せない学びの環境だと思っています。

子ども「この捕まえたカエル、持って帰りたい」
お母さん「いいよ」

……帰宅後……

子ども「このカエル、どこに入れたらいい？」
お母さん「そうだよね。どんな場所がいいかな？」

……相談が始まる。そこから時間が経って、晩ご飯の用意をしているときに……

子ども「カエルってご飯食べなくていいの？」
お母さん「確かに食べなきゃダメよね。でも、何を食べるんだろう？」

この親子のやりとりの中には、さまざまな非認知能力を学ぶ工程、つまり〝場づくり〟が入っています。

▼カエルを持って帰りたいとお母さんに自分の考えを伝える。
▼カエルを飼うために生きる場所を考える。
▼カエルが生きるためにご飯のことを相談する。

自分のためだけでなく、「カエル」のために考えて行動することがその子の人間性を養うことにつながっています。そして、その過程で目的を果たすための学びに向かっています。もし私が「このカエル、どこに入れたらいい？」とたずねられたら「箱でOK」と答え、そのあとにヒントを出します。「カエルを捕まえた場所と同じような場所にしてあげると住みやすいよね」と。そうすると、捕まえた場所をイメージして土や木や葉っぱを用意して自然に近い居住空間を作ろうとします。別にカエルの生態に詳しくなくても、捕まえた場所と同じような環境を思い出せばいいだけなので、お母さんやお父さんも小難しく調べなくてもいいですよね。

親子参加型自然あそび教室で思うことは、そもそもお母さんやお父さんに好奇心や探究心といった何事にも興味を抱く心がなければ、子どもと一緒に試行錯誤したり悩んだりすることが難しいです。

だからこそ自然はお母さんやお父さんにとっても心を解放できる環境だし、なるべく童心に返ってワクワクしたり、ドキドキしたり、子どもと一緒に自然あそびを楽しんでほしいなと思います。

自然あそびにおいては、お母さんやお父さんも一緒に体験することは鉄則です。自分たちも体験をアップデートするから子どもの気持ちが理解できるのです。「ブランコをやってみよう」といってお母さんがやってみると意外に気持ち悪くなったりするんですよね。でも、子どもはお母さんのために一生懸命揺らしてあげたりして、でも「ちょっとやめてよ」と言うと「よくわからないけど、お母さんのそんな姿はあまり見ないからおもしろくなって、もっとやってみたり」して感情的なコミュニケーションが取れたりします。

ほかにも、ブランコで靴飛ばしをしてみたり。「どちらがどれだけ遠くに跳べるか」を競争したりすると、意外とお母さんができなかったりして、子どもはその姿を見て「勝った」と喜びながら、「こうやったら遠くに飛ぶんだよ」とお母さんのためにコツを教えたり。お母さんやお父さんが自然あそびを一緒に体験することには、たくさんのメリットがあります。ネガティブなことは一つもない。

むしろお母さんやお父さんが「指導する」スタンスが強くなったときにネガティブな状況が生まれ、子どもが学ぶ〝場づくり〟にはなりません。それは大人が子どもをコントロールしようと思ったときに起こります。そこを認識できれば、お母さんやお父さんは自然あそびの際に心のスイッチを切り替えやすくなるのではないでしょうか。

そこを知ることは大事です。ある意味、お母さんお父さんが自然あそびは子どもと一緒に自分も学んで楽しんでみようと〝場づくり〟に徹しようと思えたら、第一章（P84～109参照）で説明した次の6項目を意識できるようになるはずです。

【自然あそびを学びの場づくりへと変える6つの要素】

①ガイド（安全に案内する人）
②インタープリター（自然と人との仲介役になって自然解説をする人）
③ティーチャー（相手が知らない知識を教える人）
④ファシリテーター（良い場づくりをする進行役）
⑤インストラクター（技術を指導する人）
⑥エンターテイナー（参加者を楽しませる盛り上げ役）

子どもが自然に学びに向かうためには、お母さんやお父さんが心理や状況を読み取って①〜⑥を使い分けてモードを切り替えることは必要ですし、そうしてその時々に応じて学ぶ場を作っていくから様々な人間性の要素を身につけていくのです。もちろんお母さんお父さんも本気で楽しむことを忘れないでください。

コラム3

人間が生きていくには年齢に応じた発達段階があり、だから、子どもにも時期に適した学びの段階がある

私が〝自然あそび〟で心がけていることは、子どもが持つ本能のような本来の力を活用して〝生きていく力を育む〟ことです。

結果的に、人が自立して生きていくのは社会に入ってから。それまではお母さんやお父さんのサポートを受けながら「将来、自立して生きるために必要な能力を身につける」期間です。さらに社会に出るまでは身体的、精神的な成長期間でもあるため、身につけられる能力にキャパシティがあり、年齢に応じた教育段階があります。それを踏まえ、私が大枠でとらえている年齢に応じた成長段階は、次のような流れです。

①0～6歳　自己肯定感を養いながら「生きる力」、「非認知能力」の土台を培う
②7～10歳　必要な認知能力を身につけつつ積極的に「非認知能力」も養う（感情脳が高まる間に身につけたい力）
③10代～　非認知能力を養いつつ学校で学ぶ「認知能力」も高める（思考脳が高まる間に身につけたい力）

年齢に応じた教育段階

これが私の考える「年齢に応じた教育段階」のイメージです。

④ 20 ～ 50 代
たくさんの自然を育み、生き物と共生する
▶ 自立して「生きるとは何か？」を探求する

③ 10 代～
枝葉をたくさん広げる
▶ 非認知能力を養いつつ学校で学ぶ「認知能力」も高める（思考脳が高まる間に身につけたい力）

② 7 ～ 10 歳
太く、高く木を成長させる
▶ 必要な認知能力を身につけつつ積極的に「非認知能力」も養う（感情脳が高まる間に身につけたい力）

① 0 ～ 6 歳
大きく、広く、深く、根を張らせる
▶ 自己肯定感を育みながら「生きる力」、「非認知能力」の土台を培う

⑤ 50 代～
地球（人を取り巻くすべて）との循環へ
▶ 今後の人生を見つめて「生きること」に向き合う

④20~50代　自立して「生きるとは何か?」を探求する
⑤50代~　今後の人生を見つめて「生きること」に向き合う

P163は、私のイメージなので参考までに見ていただけたらと思います。

これからの社会を生きていくためには、これまでの学校教育で教えていた知識や技能に大きく関わる〝認知能力〟も、2018年から始まった新しい幼児・学校教育で養わせようとしている思考力、判断力、表現力、学びに向かう力、人間力などの〝非認知能力〟も両方が大切です。

ただ、人間として発育発達には段階があるので、たとえば幼稚園の子にいきなり文章問題を解かせようとしても思考力が追いついていないため、その段階では教えることはできません。だから、「どの時期に何を身につけるのが適切なのか」をお母さんやお父さんが知っておくことは重要です。

私が5つの段階、特に「①~③のように分けた」ことには理由があり、〝自然あそび教室〟から得た気づきや経験を考慮しています。

単純に「社会に入ってから表現力を学ぼう」と一からピアノを習ったとしても、誰もがピアニストのような演奏ができるわけではありません。それは技術だけでなく、感性といった部分も含まれます。やはり〝年齢に応じた学び〟は必ず存在します。

人生は、P163の「自然の中に立っている太い木のようにたとえることができるのではないか」と考えています。そして、「①→⑤」の時期を「どれだけ自分に適した環境で学べたか」で、それぞれの段階の充実度が変わります。生まれてから自己肯定感を培って、非認知能力を養って、認知能力を身につけてと、一つひとつを分けて教えることはありませんが、それぞれの比率が大きくなったり小さくなったりすることは学ぶ〝場づくり〟をするお母さんやお父さんが意識に留めておく必要があります。

6歳くらいまでの小さい頃に「木が育つ」土壌をいかに肥沃にするかは、その後の小学校からの学校教育で「木を太く丈夫に育てる」のに大きく関わります。当然、それはその後に「木が生やす枝葉や実の豊かさ」にもつながっていきます。また、そういう豊かな木は、気づいたら「さまざまな昆虫や動物がたくさん集まってくる」ように、周囲と混ざり合って豊かな自然を形作っていきます。

当たり前ですが、人間社会は自然界の一部であるため、このように自然の摂理で人生をたとえられるのが一番しっくりくるのかもしれません。結局は、子どもが社会に出て生きていくのに一人では何もできませんから、自立してまわりと共生していくために〝根っこ〟の部分、小さい頃に何を身につけるかはとても大事になります。

根っこが太く、土壌が肥えていなければ、幹は大きく丈夫に育たないし、枝葉や実も豊かになりません。それに厳しい自然環境に耐えられずに折れたり腐ったりすることもあり得ます。

そういう〝子どもが育つ摂理〟のようなモノをお母さんお父さんがイメージできれば、冷静に「いまうちの子が身につけるモノは何か、養ったほういいモノは何か」に向き合いやすくなるかもしれません。


最近は、子どもの個性を伸ばすために「自己肯定感を養うために褒めましょう」という風潮が出始めました。私はとても良いことだと思っています。ひと昔前は「褒めるより間違いを指摘する」ことが子どもの教育の場に蔓延していましたから、日本の教育もいい方向に進んでいます。

ただ一方で、〝褒める〟ことの意味をきちんと解釈せずにそれだけを抜粋して「なんでもかんでも褒める」大人が現れ始めています。よくもないのに「いいね」と言ったり。そういう環境で育った子どもは勘違いを起こしてしまいます。

自己肯定感については第三章で詳しく説明しますが、失敗と成功を行き来しながら初めて得られるモノです。

よくもないのにその瞬間だけ「よくできたね」と褒めても、結局はその先の道で子どもが失敗するわけです。そのときに「あれ？　さっきはうまくいったのに」と思い、「でも、お母さん（お父さんや先生）が褒めてくれたんだけどな」と振り返って何度か続けていくでしょう。

しかし、同じ失敗が続くうちに今度は「お母さん（お父さんや先生）がウソをついている」ことに気づくわけです。そうなってしまうと自己肯定感どころか、大人に対する疑心暗鬼の心が生まれるので「信頼関係」という子どもが学ぶ環境を作るうえで最も大切な土台から崩壊してしまいます。

だから、子どもを信じること（P70～74参照）は非認知能力を身につけるうえで大前提の条件となるのです。

やはり子どもが学ぶ〝場づくり〟（環境づくり）においてお母さんお父さんが「いま何を学んでほしいか」を明確に持つことが重要で、その目的があるから「いまの年齢、タイミングでいいのか」を判断できるわけです。もし適切だと決断を下せば、そこで初めて「どういうふうに仕掛けたら、子どもが興味や関心をもって学ぶ場に入ってくるか」具体的な策を講じるための手段を考えられます。

これが、子どもが学ぶ〝場づくり〟を行っていく工程です。

いま「何を学ぶのが適切か」を大枠で記したのが、冒頭（P162参照）で触れた内容です。私は自然あそび教室などで年齢に応じた「子どもが養えるモノ」を経験的に把握・理解しているので、次の段階の「どういうふうに学ぶ環境づくりをしたらいいか」をうまくコーディネートできるのだと解釈しています。

たとえば、「7歳くらいまでは論理的に順序立てて物事を考える力が未発達なので、どうやってそれを学ばせようか」と目的がはっきりすれば、次に子どもが「考える」ことに興味や関心を持つように仕掛けを作り、そこから探究心をもって深めていくように誘うアプローチをとっていくでしょう。

秘訣は〝子どもに向き合う〟ことです。

お母さんお父さんと子どもの関係を見ていて思うのは「お母さんお父さんが子どもに対して手抜きする」、つまり「時間も気持ちも自分本位になる」ほど親子関係が築き上げられないことです。

お母さんお父さんも第一子を育てる場合はそれぞれが親一年生で、すべてにおいて初めての体験や経験をするわけです。当たり前ですが、お母さんお父さんも原体験を手抜きすれば子どもに対する感情も薄くなってしまうような気がします。

▼お母さんお父さんは子どもに親にしてもらう。
▼先生は生徒に先生にしてもらう。

私はこのように親として自然あそびの先生として子どもたちに教えられました。不思議なことに、いまでも、子どもに向き合えば向き合うほど少しずつ親や先生にしてもらっている感覚です。子どもに向き合うと「自分にできることは何だろう？」と自然に考えますし、次は「どうアプローチしようか？　どういう段取りを組もうか？」と工夫していきます。子どもが失敗すると「何がいけなかったのか」と分析しますし、たとえ成功しても「次はここまで仕掛けてみようかな」と次の展開を模索して楽しんでいる自分がいます。

子どもに向き合うことで大人も〝非認知能力〟を養っているのだというとらえ方をすれば、事なかれ主義の大人に自然あそびを通した学びの場は作れないと思います。

非認知能力を養うには

第三章

自己肯定感という土台が大切

非認知能力と自己肯定感は大きな関係性を持つ

自己肯定感を得るには失敗と成功が両輪で働かないと成立しない

私の自己肯定感の定義は「自分はこれでいいんだな」と思える心を育むことです。

最近は子どもにそれを養わせようと〝褒めて伸ばそう〟という風潮があります。個人的には、とても良いことだと感じています。ただ一方で、〝褒めたらいい〟という間違ったとらえ方をしているお母さんお父さんや先生も増えています。

自己肯定感として実を結ぶまでには、いくつかの過程を経る必要があります。それをすっ飛ばして、すべてをポジティブに変換して〝褒めた〟としても子どもにとって成長につながるわけではありませんから、次に生かされません。

たとえば、子どもが何か物を作ったとします。本人の中では、「ちょっと失敗したかな。もうちょっと何か手を加えたいな」と思っているのに、お母さんお父さんが

「すばらしいね。ここがいいね。最高！」というようにすべてを肯定する、いわゆる〝無条件の自己肯定〟を与えてしまうと、子どもの成長の阻害になります。

これが最も危険な大人の自己肯定感を養う〝場づくり〟だと思っています。

【子どもが自己肯定感を育む仕組み】

①子どもが何か物事をやってみる

↓

②でも、失敗する

↓

③大人は「やった」行動や「挑戦した」気持ちを褒めたあと、必要に応じて助言する

↓

④子どもの中では「悔しい」と思う一方で「行動や挑戦が良いこと」だという価値観が芽生える

↓

⑤「もう一度やってみよう」と失敗を糧に成功までの道のりを再び歩き始める

子どもが「自分で自己肯定感を得られるようになる」ためには、「ポジティブな感情とネガティブな感情との間を大きく行き来しながら成功にたどり着く」ことが絶対条件です。

「成功（正解）のよろこび」
←→
「失敗（間違い）の悔しさ」

たとえば、褒めることだけが良しとされた場合、失敗しても褒められるから問題点を分析することなく、解決・改善もされません。また、成功しても褒められてばかりではそこからさらなる成長が期待できません。子どもは自分のやっていることがすべて良しになるので、次に挑戦するためのモチベーションが上がりません。失敗と成功には感情が連なるものなので、子どもを学びへとうながすためには両方をきちんと経験できるように〝場づくり〟する必要があります。

やはり、正しいことは正しくて、間違っていることは間違っていることを、子ども自身が認められることも「自分で自己肯定感を得られるようになる」ことの意味に含まれていると、私自身は実感を得ています。間違いや失敗することで見える景色がありますし、そこから反省や改善によって壁をぶち破り、成功した景色を見るからこそ人として一皮むけるのです。その積み重ねによって、子どもの中で揺るぎない自己肯定感を持てるようになっていくのではないかと思います。

では、自己肯定感が何につながるのか？

この意味を見つめることは大事です。あらためて考え直すと2つ意味があることに気づきます。一つ目は「自分はこれでいいんだな」と思えることによって自信など自分の力になること。二つ目は「他者に対して何かができるようになる」ことです。

自己肯定感を持てるようになる大きな意味は、「自分はこれでいいんだな」と思えるようになることで「自分が立ち返る場所を得る」ことです。これがあるから2つの意味があるのです。一つ目の「自分の力になる」という点でいえば、何かに挑戦する力や何かに前進する力になったり、さまざまな物事に対して自由になれたり解き放てたりする心に変換できたりと、そういう内容が含まれています。

二つ目の「他者に対して何かができるようになる」という点でいえば、「自分はこれでいいんだな」と思えるからこそ相手のことを認められたり、相手の意見に耳を傾けられたりと「自然に、他者を認めていい関係を築きやすい立ち位置をとれる」ようになることだととらえています。

この二つに共通するのは、「自分はこれでいいんだな」と立ち返る場所があることが失敗したり間違ったりしたときに、「やっぱり自分はダメなんだ」と自己否定に陥らず、もう一度そこから自分で立ち上がって進んでいく〝心の源泉〟になっていることです。

たとえば、お母さんお父さんがテレビを見ているときに子どもが「本を読んで」とせがんできたとします。そのときの対応を間違えると、子どもの自己肯定感が育ちません。

子ども　「ねえ、この本読んで」
お母さん「いまダメ」
子ども　「……」

お母さん「一緒にテレビ見る？」

最初の子どものお願いに対して〝否定〟をしています。そのことにショックを受けた子どもは何も言えず、そこに覆いかぶさるようにお母さんは「テレビを見る」ことに置き換えて「本を読むこと」を認めない対応を取りました。子どもは日々こういう対応が積み重なると疑心暗鬼になり、自分の思いや考え、お願いを相手に伝えることに心のブレーキがかかるようになります。

子ども　「ねえ、この本読んで」
お母さん「いいよ。でも、いま好きなテレビを見ているからちょっと待っててね」
子ども　「うーん、仕方ない。絶対にあとで読んでよ」
お母さん「ありがとう。約束する」

この対応は子どものお願いに対して最初に「いいよ」と肯定しました。そのうえで、お母さんも大事な用事があるから「あとでいいか？」と正直に子どもに交渉を持ちかけました。それに対して子どもは「少し待つ」ことと「あとでもいいから本を読んでもらう」ことを自分の気持ちの中で天秤にかけ、しっかり折り合いをつけて「待つ」ことを選びました。その代わり「絶対に読んでもらう」ための約束を取りつけ、逆に交渉を持ちかけて目的の達成を成立させせました。

こういう会話ができるようになるのは〝自己肯定感の醸成〟レベルです。子どもとお母さんのやりとりの中に肯定と否定が7対3、8対2くらいの割合になっています。もちろん、小さい頃にこのような高度な会話ができるわけではありません。しかし、年齢を重ねるごとにネガティブなことを受け入れる器が徐々に大きくなるので、その時々で親子の交渉もいろんなバランスになっていくのではないでしょうか。

「成功（正解）のよろこび」
←→
「失敗（間違い）の悔しさ」

繰り返しますが、自己肯定感はこの感情の揺れ幅を持ち合わせないと育まれません。この両輪が回るからこそ子ども自身の中で「自分はこれでいいんだな」と立ち返る場所を得て、一人で〝自己肯定感を持てる〟ようになるのです。そうなれば、どんなに失敗しても自分で立ち上がって成功するまで挑戦できるようになります。

非認知能力は自然あそびで鍛えるのが最適だ

近頃、自然であそんでいる子どもたちを見ていると2パターン存在します。

一つは、日常生活で成功体験しか積んでいない子ども。こういう子たちは自然に身を投じていつものように挑戦してみると、あるレベルまでは心を解き放って突き進んでいくのですが、どこかで壁にぶつかると先に進めなくなります。たとえば、自分の苦手なクモがいるからと、たったいまあそんでいたことが実行できなくなったり。

一方で、日頃から失敗と成功の両方を経験している子どもは、どんなことも主体的に向かっていきます。失敗を力にしたり、反省を力に変えたり、悔しさをバネにしたりした「ネガティブ3要素を跳ね返す成功体験」を積んでいる子は、前者と同じ壁にぶつかっても「自分でどう進むかを考えられる」のです。

やはり失敗の数、反省の数、悔しさの数を多く経験していればしているほど、そういう「逆境をどう乗り越えるか」という選択肢は自然に増えていきます。失敗した精神的な抑圧を成功してポンと跳ね返した経験がある子は、ネガティブな状況に陥ったときにパッと心を切り替えられたり、心を解き放ったりして逆境に立ち向かえる心を身につけています。

当然、子どもだから一人ではどうすることもできないことが出てきます。そのときはお母さんお父さんがヒントをあげたり、答えにたどり着くために必要な別の経験ができる〝場づくり〟をしたりする必要があります。

それが日常生活の中だとヒントが少ないし、別ルートも作りにくいですが、自然の中だと何でもありなのでさまざまなことが考えられます。子どもにとっては成功にたどり着くためのルートが多数あったほうが学びも多いため、いろんな成功ルートを蓄積することができます。それが子どもの引き出しにも影響します。

自然あそび教室を開いて思うのは、10歳くらいまでの子はどこか壁でつまずいたとしても「こうすればいいいんじゃないか」と何となく思っていたりします。

しかしそのときの対応を見ていると、そう思っていても実行に移さない子が結構います。それはきっと普段からおそらくお母さんお父さんが「こうすれば?」「とりあえずこうやってみたら?」とほぼ答えを与えていて、自分の考えに従って最初に子どもが思った「こうすればいいんじゃないか」という気持ちを実行する機会を失っているからです。ようするに、大人が子どもが非認知能力を身につける機会を奪っています。子どもは答えをもらって目の前の壁をクリアする体験を繰り返すと、徐々にお母さんやお父さんに答えを求めるようになります。そうしていると結局、これまでの学校の授業と変わらないような学び方になってしまいます。

子どもが壁につまずいたとき、はじめに思った「こうすればいいんじゃないか」をキッカケにした学びのプロセスをたどった成功体験は〝自己肯定感の種〟になるはずです。お母さんお父さんや先生に問われるのは「どうサポートするか」で、そのやり方を間違うと、子どもは失敗をポジティブに解決できるエネルギーに変換する能力を身につけられません。これも非認知能力を養うことに大きく関わります。

そもそも自分が思ったことに対してお母さんやお父さんが寄り添っていないので、子どもの立場からすると納得感、達成感がありません。わけがわからないまま大人が敷いた正解への道を歩かされて、意味もわからずにゴールテープを切っています。そこでお母さんやお父さんに褒められるから何となく喜びはするけど、自らの力で正解したわけではないので喜び半分、実感は持てていません。

大人によって、こういうふうに未然に失敗体験をつぶされることはよくあることです。たとえば、森の中に1から10までの数字プレートが隠されていて、「すべての数字をチームの6名〝全員〟が触ってゴールできたら次のあそびをしてOK」というゲームをAチームとBチームで行ったことがあります。

【Aチーム】

このチームの先生は細かいルールを決めませんでした。ただ「よーい、ドン」で子どもたちがいっせいに数字プレートを触りにいくと収集がつかなくなるので、ある一定の時間ごとに「●番触った人」と確認していきました。

たとえば、「1番触った人?」と聞くと「僕、触った」「私、触ってない」など個々によって反応はさまざまです。順番に2番、3番と触った人を聞いていきますが、最初の頃は触った人もいれば触っていない人もいて、「やべぇ、オレ触ってない」とまた探しに行ったりする子がいました。

でも、このチームの子たちは先生が1番から順番に数字プレートを確認していることに気づき始めます。すると、徐々に数字プレートを探すペースがアップしていきました。最終的には、各自が何も言われなくてもプレートを数字順にどんどん触っていき、時にはプレートの位置を教え合いながら短い時間でゲームを終えました。

そのあとのゲームに対しても「オレ、次ブランコやりたい」など意識の高い子が多かったです。なぜなら先生が必要以上に関わることなく、子どもたちの世界の、子どもたちが自分たちで見つけたルール（法則）の中でゲームをクリアしたので、次へのモチベーションが高まってワクワクしているからです。

【Bチーム】

このチームの先生はAチームとはまったく違うアプローチをしました。最初に先生が子どもたち全員を集めて「いい？　全員が触るんだよ。数字を10まで全部触るんだよ。わかった？」と確認してスタートしました。

いざ、始めてみると子どもたちは思い思いに数字プレートを見つけてバラバラになります。すると、先生が「●●ちゃん、そっちじゃない。3番あっち」「○○ちゃん、こっちについて行って」と大声で6人をコントロールしようとし始めました。

でも、子どもは思い通りには動きませんから、途中で「ちょっと集合」とみんなを呼び寄せました。そして、「1番から順番に触っていくようにしよう」と言い、「じゃあ、先生も一緒についていこう」と子どもの中に混ざってしまいました。最終的には、なんとか無事にゲームを終え、「すごかったね」と褒めていました。

どちらも課題はできてはいます。しかし、成功までのプロセスがまるで異なります。もし自分だったらどちらのプロセスを選びますか? Bチームの先生は失敗させないで成功させています。「●●ちゃん、こっちじゃないでしょ」と戻され、本人は「なんでダメなのか?」を理解する前にすべて修正されてしまっています。

自然あそびの大原則ですが、「安心安全」を脅かさなければある程度は時間が許す限り、子どもに上手に寄り添って自分から生まれてくる〝自己肯定感〟を大事にしたほうが、その先にある〝非認知能力〟の獲得につながります。つまり、学んでほしい目的によって〝場づくり〟を仕掛ける方法がいろいろ変わります。

Bチームは「できた」ことだけを汲み取って、いかに成功体験を積ませるかというプロセスになってしまっています。ここには「失敗させないほうがいい」という間違った自己肯定感の育み方の典型的な考え方が含まれています。

この場合、子どもたちに「今回は絶対に成功体験が必要だ」というタイミングならば話は別です。しかし、先生が子どもたちの気持ちや意思を汲み取らず、ただ成功だけを獲得させようと仕向けてしまうと歪んだ体験になってしまいます。


第二章のP160でも書きましたが、大人が思うとおりに子どもをコントロールしようとしたときにトラブルが起きるし、うまくいかないようにできています。特に自然は人工的な環境とは違い、大人がイメージしているようには進まない障壁がたくさん潜んでいます。

たとえば、それがゲーム中に目の前に現れた虫や花だったりします。大人にとっては目的に関係のないものなのでゲーム中も眼中にありませんが、子どもにとっては興味と誘惑を抱かせるもの以外の何者でもありません。そのときは、大人の目から見ればゲーム進行の妨げですが、子どもは純粋に虫とか花とかそのままをとらえているだけです。ここに子どもと大人の違いが表れています。

裏を返すと、子どもにとって自然は興味と誘惑がいっぱいあふれているから、それだけ自然あそびは〝非認知能力〟を身につけるうえで格好の場所なのです。それは私が定義する〝非認知能力〟は未知の領域に対して自分が満たしたい好奇心や探究心を想像力や知恵を働かせて解決したり実現したりしていく力だからです。

非認知能力を養うポイントは自然の〝平等性〟

自然は予測不能でさまざまな出来事が起こる意味では、自己肯定感を培うのに最適の環境です。そこでは自分がどんなものにも興味を持っていいし、「何かやりたい」と思ったら「どういうふうなプロセスをたどって目的を達成してもいい」のです。

そういうふうにとらえると、自然では〝誰もが平等〟です。

日頃は、日常生活の中で人工的な環境に囲まれているので興味をそそるものが限られています。「何かやりたい」と思うことも人間が作り出した世界で見つけるしかありませんから「やれること」「やれないこと」の線引きがはっきりしていて、「すべての人に平等性があるか」と問われたら平等ではないことが多く存在します。

先日、ある里山で子どもたちと一緒にあそびました。人が歩けるように整えられた基本的な道があり、それ以外は人が通れないような険しい斜面があったり、山肌が見えていて普通に歩けるところがあったりと、4歳くらいの子どもたちにとってはさまざまな非認知能力を学ぶのに適した環境でした。

里山の頂上を越えたところが少し開けていて、小さな広場がありました。なので、そこを目的地にしてみんなで「広場を目指そう」と向かいました。当日は雨が降っていて空が暗く、里山の中は場所によっては薄暗く不気味でした。はじめは意気揚々と「行くぞ」「おお！」みたいなテンションで歩いていたのですが、薄暗い場所に少し差しかかるとある子が「怖い……」と言い出して立ち止まってしまいました。

自然あそびはいろんな出来事が起こって、それをいろいろ解決しながら目的に向かっていくものです。その日も、「じゃあ、あっちから行こう」「手をつないで一緒に歩こう」と解決方法がいくつか出てきて目的地の広場にたどり着きました。

私が思うに、自然あそびは〝安心安全〟がしっかり守られていれば基本的にルールがありあまりません。

こういう観点から見ても、自然あそびは非常に平等性が高いです。一方で、これが「室内であそぼう」となると子どもの興味や関心に触れるような物事が起きにくく、「何かが起きる」ための要素をお母さんやお父さんが作り、置かれた環境の中に入れ込まなくてはいけません。

ただ、人間が作った仕掛けですから、そこには絶対答えがありますし、準備した出来事も想像の範疇です。当然、大人が作る仕掛けですから、「ケガしちゃいけない」とか、「これなら気づきやすい」とか親が勝手に設けたルールの中であれこれ考えているだけです。だから、子どもにとってはもはや〝未知の領域〟で非認知能力が育まれるようなところにまで達する可能性が低くなります。

たとえば、その〝場づくり〟がそもそも5歳の子どもに当てはまるルールになっていて、当事者である子どもが6歳だったとしたら、軽々とお母さんやお父さんが苦労して生み出した学びの環境をクリアしていくわけです。

自然の何が平等か？

それは予測不能な環境がどこにでも目の前に広がっていることです。子どもだろうが、大人だろうが、見る人によって興味や関心がたくさん存在していますし、その範囲も見渡せば360度に広がっています。アリがあちこちに歩いていますが、興味や関心がある子の目には映るし、そうでない子にとっては眼中にありません。

何かの虫を探そうとてくてく歩いていたのに、目の前に蝶々が横切ったらそれに興味が湧き、追いかけて捕まえようがそうでなかろうが満足したらやめて、ふと自分が何をしていたかを思い返したときに「そうだ、あの虫を探していたんだ」とまた歩き始める。自然あそびはそういうものだし、それがいいのです。

子どもたちにとっての自然あそびは目的がコロコロ移りゆくものだし、大人がイメージする答えにたどり着かなければいけないものではありません。

学校の先生が校外学習を行うと、よく怒っているシーンを見かけます。対象年齢は小学校3年生くらいまででしょうか。よく「集中しなさい」と少し怒鳴っていたりします。ただ自然の中ですから先生が話をしている最中に蝶々がヒラヒラと舞っていたり、鳥が飛んでいたりしたら子どもはそっちに興味が湧きます。先生が蝶々や鳥に負けないくらいのオーラを出したり、おもしろい小話をしたりすればいいのですが、現実は子どもの注目を集められずに自然の生き物に負けているわけです。

きっと子どもがブランコであそんだり、木に吊るされたロープにぶら下がってあそんだりするときは、たぶん蝶々や鳥が飛んでいるのに気づいても夢中であそび続けているはずです。

このやりとり一つ例に挙げても、先生は無意識で上下関係を作っていますし、たとえ校外学習であっても自分の中で「黙って先生の言うことを聞かなければならない」という価値観を持ち続けています。ただ現状は「いつもとは違う環境で学ぶ」ことが目的であるはずなので、先生も生徒の目線に立ったり心理を読み取ったりして授業のやり方を変えたり、また進行を臨機応変にしたりしないと自然を相手にできません。このままの状態だと、自分のやり方を自然に対して押しつけていて非常に滑稽です。自然相手に相撲を取っても勝てないでしょう。それと同じです。

大切なのは、子どもの目線に立つことです。

そうしないと子どもの興味や関心に気づけないので自己肯定感を育む〝場づくり〟はできません。「あの虫、おもしろいよね」。そういう気持ちがわからなければ、子どもに「あれ、おもしろいからやってみない？」と次の戦略を立てられないですし、自己肯定感を子どもたちが醸成していくための大事なプロセスを提供できません。

校外学習は短時間で実施するものなので、子どもが体験する自己肯定感も非認知能力を得られるプロセスもパッと打ち上がった花火のようなものです。なので、消えていくのもまた早いのです。

それがデメリットではありますが、子ども自身がその中で自己肯定感も非認知能力を得られるプロセスも確実に体験したことなら大きな感触が残りますから、その後の大人の対応次第でしっかりと経験にまで醸成することができればさまざまな能力にまで生かされると思います。もちろん大人がそういうふうに導いていくためには、第二章（P84～109参照）で説明した6要素を使い分けることが重要なことです。

【自然あそび教室の先生に必要な6つの要素】

①ガイド　　　　　（安全に案内する人）
②インタープリター（自然と人との仲介役になって自然解説をする人）
③ティーチャー　　（相手が知らない知識を教える人）
④ファシリテーター（良い場づくりをする進行役）

⑤ インストラクター（技術を指導する人）
⑥ エンターテイナー（参加者を楽しませる盛り上げ役）

ただし、「自己肯定感が醸成するまでのプロセス」で大人に必要な心構えとして大切なことが5つあります。

▼子どもを〝信じる〟こと
▼子どもの〝目線に立つ〟こと
▼子どもが興味や関心を抱くまで〝待つ〟こと
▼失敗と成功とを〝行き来して得る〟ものだと理解すること
▼大人の価値観で子どもを〝コントロールしない〟こと

ここで一度、日常生活の中でこの5つの心構えを子どものために意識できるかどうかを考えてみてください。仕事で忙しく、家事に追われ、育児につきっきりで自分の時間もない毎日を送っているお母さんやお父さんに、正直これらの心構えを持つ余裕はないのではないでしょうか。失礼ながら、いつもの代わり映えのしない環境の中で

5つもの心構えを意識することは、お母さんやお父さんにとっては負担やストレスにしかなりません。そういう心境で接したとしても、子どもは自己肯定感を醸成することはできないでしょうし、非認知能力を培うこともできないでしょう。

やはり非日常的な環境である〝自然〟は子どもはもちろん、お母さんやお父さんにとっても心を解放できますし、何より親子が対等な関係を持ちやすい環境です。

「自然には敵わない」

「自然で起こったことはしょうがない」

この自然に対する親子の合言葉、お母さんお父さんにとっては最終的な逃げ道を作ることができるこの切り札は、子どもが自然あそびで非認知能力を養うために重要なポイントです。自然あそびは答えがあるようでなかったり、答えの出し方もいっぱいあったりして、お父さんお母さんにとっても子どもが学ぶ〝場づくり〟をするうえでは、「何でもあり！」と思わせてくれる環境なのです。

ここに自然がもたらす〝平等性〟の意味の大きさが詰まっています。理屈ではなく感情論として、自然に入るときは「普段着ている自分の衣を脱ぎ捨てよう」と少し意識し、まず身も心も軽くすることが大事です。そうすれば5つの心構えを自然に受け入れ、〝新たな自分〟で子どもに向き合うことができるはずです。

人間社会で非認知能力を養うのは〝難しい〟

2018年からスタートした幼児・学校教育の改革では、アクティブ・ラーニングが取り入れられ、子どもが主体的に対話を重ねながら学びを深める学習方法にシフトチェンジしています。

それにより「何ができるようになるのか」という結果の部分を文部科学省が配布するリーフレット「生きる力　～学びの、その先へ」には、「社会に出てからも学校で学んだことを生かせるよう、3つの力をバランスよく育みます」と記しています。

それが次の3項目だというのは「コラム2」（P110～参照）で説明しました。

【資質・能力の3つの柱（力）】

①実際の社会や社会の中で生きて働く「知識および技能」

②未知の状況にも対応できる「思考力・判断力・表現力など」
③学んだことを人生や社会に生かそうとする「学びに向かう力・人間力など」

私は、この3つを包括してまとめたものが「生きる力」だと考えています。どれかが欠けても生きていくうえではトラブルを抱えることになります。これまでの教育で得ていたような認知能力も、いま改革中の教育で養われるとされる非認知能力も両輪として機能し合って「生きる力」なのです。

一概に枠組みを作ることができるものではないことを前提に、あえて①~③を分類するとしたら「①の部分が認知能力」にあたり、「②と③の部分が非認知能力」に当たると考えています。第二章の「自然あそびで学ぶ具体的な〝知識および技能〟とは？」（P140～144参照）で知らないこと・わからないことの調べ方について書きましたが、調べるためにもやはり最低限の知識は必要です。

特に義務教育は「私たちが生きていくために知っておいたほうがいいよ」という内容であり、それを学んだからといって「絶対に社会に入っても生きていける」と保証するものではないことを認識しておかなければいけません。

だからこそ現在の学校教育で不足している〝非認知能力〟の部分を、私は積極的に自然あそびで身につけてほしいと思っています。

自然と人とが関わる〝自然あそび〟は生きていく力を育みます。

子どもは自然あそびに他者が絡むことによってネガティブな要素（失敗、間違い、思い通りにならない、邪魔が入る……など）の質量が増えて、濃い達成感が得られるため、少しずつ自己肯定感を醸成していくのです。この高まりがあるから「知りたい」「うまくなりたい」など〝もっと〟という意欲が生まれるし、それがあるから物事を突き詰めていく夢中になれる力や探求していく力へとつながります。

たとえば、雨が降ってしまったらどんな人であっても「自分だけは降っていない」状況は作れないので、これは自然だけが起こすことができる平等性です。自然あそびをしていたら雨をしのぐことを目的にした場合、いろんな対応が取れます。

・傘をさす
・カッパを着る

・雨がやむまで待つ
・走って濡れない場所に逃げる
・大きな葉っぱで頭を隠す
・服を使って雨避けにする……etc.

しかし、これが日常生活だったら選択肢は減ります。さらに「打ち合わせに行く最中」という条件がつけば「行く」しかないから「コンビニで傘を買う」など選択肢が限定されてしまいます。大人は気持ちに折り合いをつける力が備わっているので、その状況の中で「どうすればいいか」を考えますが、知識や経験の絶対数が少なく、精神的にも未熟な子どもは日常生活の中で起こる出来事に対応できる力はありません。

だからといって、そういう非認知能力を必要とする対処を日常生活の中で簡単に身につけようとしても自然とは違い、子どもと大人は平等ではありません。子どもは雨が降ったからと「コンビニで傘を買う」ようなお金は持っていませんから。

大人からしても日常生活の中で非認知能力を学ぶ〝場づくり〟をしようと思っても、「あれはダメ」「これはダメ」ということが多すぎて、それだけで疲弊してやる気がなくなります。公園に行っても「ボールあそび禁止」と禁止事項があふれている時代なので、人間社会で非認知能力を養っていくのは難しい課題です。

「自己肯定感を育めるか」はお母さんお父さんの対応次第

【子どもの自己肯定感を育む基本サイクル】

①何かに興味や関心を持つ

↓

②実際に行動に移す

↓

③成功や失敗を繰り返す

「成功（正解）のよろこび」

↓↑

「失敗（間違い）の悔しさ」

↓

④目的を果たして達成感を得る

⑤次もさらにこうやってみようと挑戦する「心の栄養＝自己肯定感」が貯まる
←

子どもが「自己肯定感を育む基本的なサイクル（仕組み）」は、簡単にこのような流れだと思います。何度もこういったプロセスを踏んで、子どもは自己肯定感を醸成していくのではないでしょうか。

このプロセスの中には、子どもにとって「良いこと＝ポジティブな要素」だけでなく、「悪いこと＝ネガティブな要素」があるわけで、ある意味ここで心の栄養貯金を使いながらさまざまな物事を学んでいくため、「栄養が0（ゼロ）になればやる気が湧き出てこない」のは当たり前の話です。これは子どもに限ったことではなく、お母さんやお父さん、先生にも当てはまることです。

ここまでの各章のテーマもそうですが、今回の「自己肯定感を育むサイクル」のプロセスですべての項目を取り出して「どうすればいいのか？」を綴ることは難しいです。その代わり、私ができることは基本的に自然あそび、また子育ての中で起きた出来事を通して一部に対して「たとえ」を提示することはできます。

たとえば、私の子どもが3歳くらいのとき、目覚まし時計を落としてしまって壊したことがありました。

【第一段階】

子ども「時計が動かなくなった」（「どうしたらいいか」わからずに泣く）

長谷部「しょうがないじゃん。壊れたんだから」（「現実」を受け止める）

子ども「壊れちゃった」（「現実」を把握しながらも泣く）

長谷部「見てみようか」（修理という「打開策」を提案する）

子ども「直る？」（現状を打破する突破口＝打開策が見つかって安心する）

長谷部「まだわからないけど、原因がわかれば直せるかもね」（行動に移す）

結局、このときはバタッと時計を倒してしまって電池が外れてしまい、接触が悪くなっていただけでした。だから、中身を開けて直す工程を見せました。

【第二段階】

長谷部「ほら、見てごらん」（「原因」を発見し、一緒に直すのを提案）

子ども「見る」（「提案」を受け入れる。と同時に「興味」も湧く）
長谷部「電池が外れちゃってるでしょう？」（「原因」を伝える）
子ども「本当だ」（「原因」がわかる）
長谷部「きちんと電池をはめてごらん」（自分で「修理」することを提案）
子ども「（カチッ！）はまった」（「修理」ができた）
長谷部「よかったね。時計も痛いから次は気をつけようね」（壊れた状況を再確認）

　この子どもとのやりとりを冷静に分析すると、第一段階と第二段階の二つに分かれています。一般的に「子どもを落ち着かせる」という意味では、第一段階で目的は達成できています。しかし、この状況をさらに「学び」へと展開させるために「時計が動く仕組み」を説明しながら「動かなくなった原因」を見つけ、「動くように直す」作業を子どもと一緒に実行に移しました。

　時計が大丈夫だったからで終わらせるのではなく、次に動くようになるためにはどうすればいいのかと元どおりになるまで、子どもに寄り添ったことで一つの学びが得られました。親子関係のやりとりには、必ず感情がセットでついてくるものです。

これが他者とのやりとりであれば「感情の切り捨て」という選択肢があるため、目的を達成する意味ではたくさんの近道が存在します。ただ親子関係では「感情の切り捨て」は選択肢にありません。だから、親子関係は面倒臭さが発生するのですが、だからこそ特に子どもの頃には親子関係の中でしか得られない自己肯定感があるのです。10歳くらいまでの子は「親に褒められる」のが一番の心の栄養です。

私の中では、親子の間には感情があるのでテレビドラマのような物語があると思っていて、だからこそ子どもが目の前で起こる状況を理解して次の行動のエネルギーに変えられるのだと感じています。

これまでも何度か触れましたが、子どもが一番消化不良を起こす原因は「お母さんお父さんが思っている答えに持って行く」導き方をすることです。これはお母さんお父さんが考えた答えであり、お母さんお父さんが考えた解き方です。つまり、子どもが思った答えではなく、考えた解き方でもありません。

もちろん普段の日常生活において「子どもが学ぶため」に時間を費やすことができない場合があることは承知しています。仕事、家事、子育てとさまざまな物事に追われて疲れているなか、社会人、主婦・主夫、親と3つのモードを切り替え、視点のスイッチを入れ替えるのも簡単なことではありません。

だから、「自然あそびを活用してほしい」のです。

自然には心の開放感があり、日頃から人間が求めている「一番心地よいと感じる自由な環境」があります。

お母さんやお父さんにとっては社会人を忘れ、主婦・主夫を忘れて身軽な状態で親として子どもと接することができるような環境です。時に親という立場すら忘れて、一人の人間として夢中に真剣にあそぶ瞬間があるからこそ、子どもはお母さんやお父さんの姿を見て学校では得られることができない生きるうえで重要な〝人間力〟を学ぶのではないでしょうか。

私は、2018年から改革されている新しい幼児・学校教育によって養うことができる「資質・能力の3つの柱（力）」の〝③＝学んだことを人生や社会に生かそうとする「学びに向かう力・人間力など」〟を学ぶうえで、大きな影響を与えることができるのは、お母さんお父さんだと思っています。だから、自然あそびでは親も一緒になって楽しんでほしいと伝え続けているのです。

コラム4

自然あそびで非認知能力を養う条件は3つある。子どもの発育発達、自然度、場づくりのレベル！

本書のテーマは「自然あそびを通じて、子どもが非認知能力を身につける」ことです。これが目的であるため、必然的に考慮しなければいけない条件が3つあります。

①子どもの発育発達のレベル
②自然度の度合いのレベル
③自然あそびの指導（場づくり）のレベル

私は、この①～③によって〝子どもの非認知能力の学び度指数〟がさまざまな度合いで変化するととらえています。

たとえば、①の「子どもの発育発達のレベル」はとてもわかりやすいでしょう。2歳の子と6歳の子とでは、体の大きさ、脳の発育発達、心の成長がまったく違います。だから、仮にそれぞれの年齢の子どもを同じ自然に解き放っても、学ぶものが異なるのは想像に難くありません。

ここで私が「おもしろい」と思うのは、単純に「年齢だけで子どもの発育発達のレベルを分けることができない」という点です。幼児を対象にした自然あそび教室を開催すると、それがよくわかる場面に遭遇します。

先日は、30㎝くらいの段差からジャンプするあそびを子ども同士でやっていて、それを観察していると5歳の子が怖くてジャンプするのに躊躇しているのに、3歳くらいの子が笑いながら楽しそうにピョンピョン跳んであそんでいました。

これは〝勇気〟という心の部分が大きく作用しています。

ようするに、子どもは一人ひとり成長の段階やスピードが違います。ついつい大人はこの重要なポイントを忘れがちです。確かに〝年齢〟によって子どもたちを分けることは大事なことですが、あくまで〝大枠〟としての考え方です。そこから大切なのは一人ひとりを〝個別的に見ていく〟ことです。

このポイントは絶対に忘れてはいけない大人の義務です。これを忘れてしまうと、子どもは必ず黄色の点滅信号を何かしらの行動で表し始めます。大人も完璧ではありませんから、その段階でシグナルに気づいてあげてほしいと思います。

自然度の例と自分を取り巻く環境の関係性

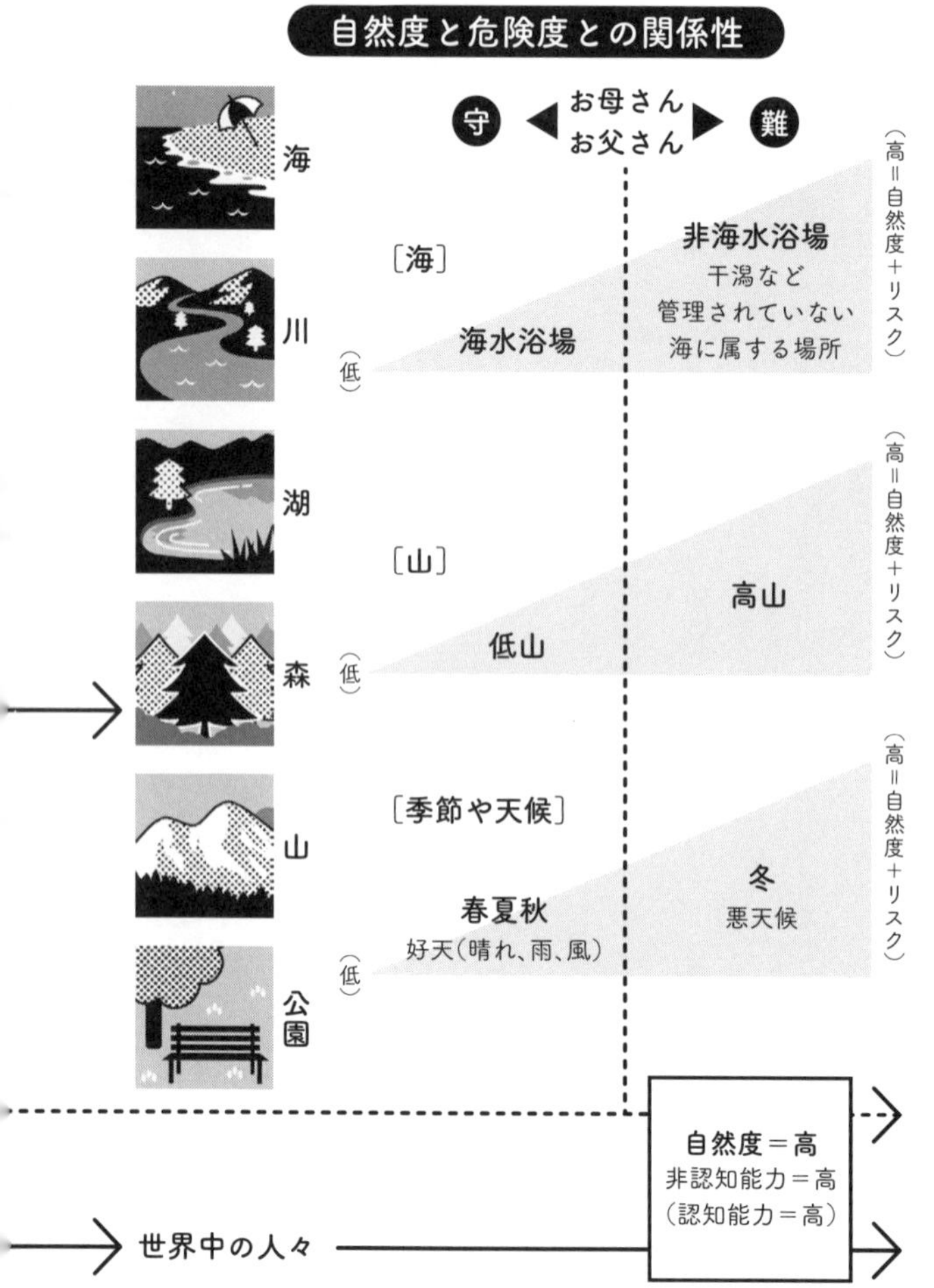

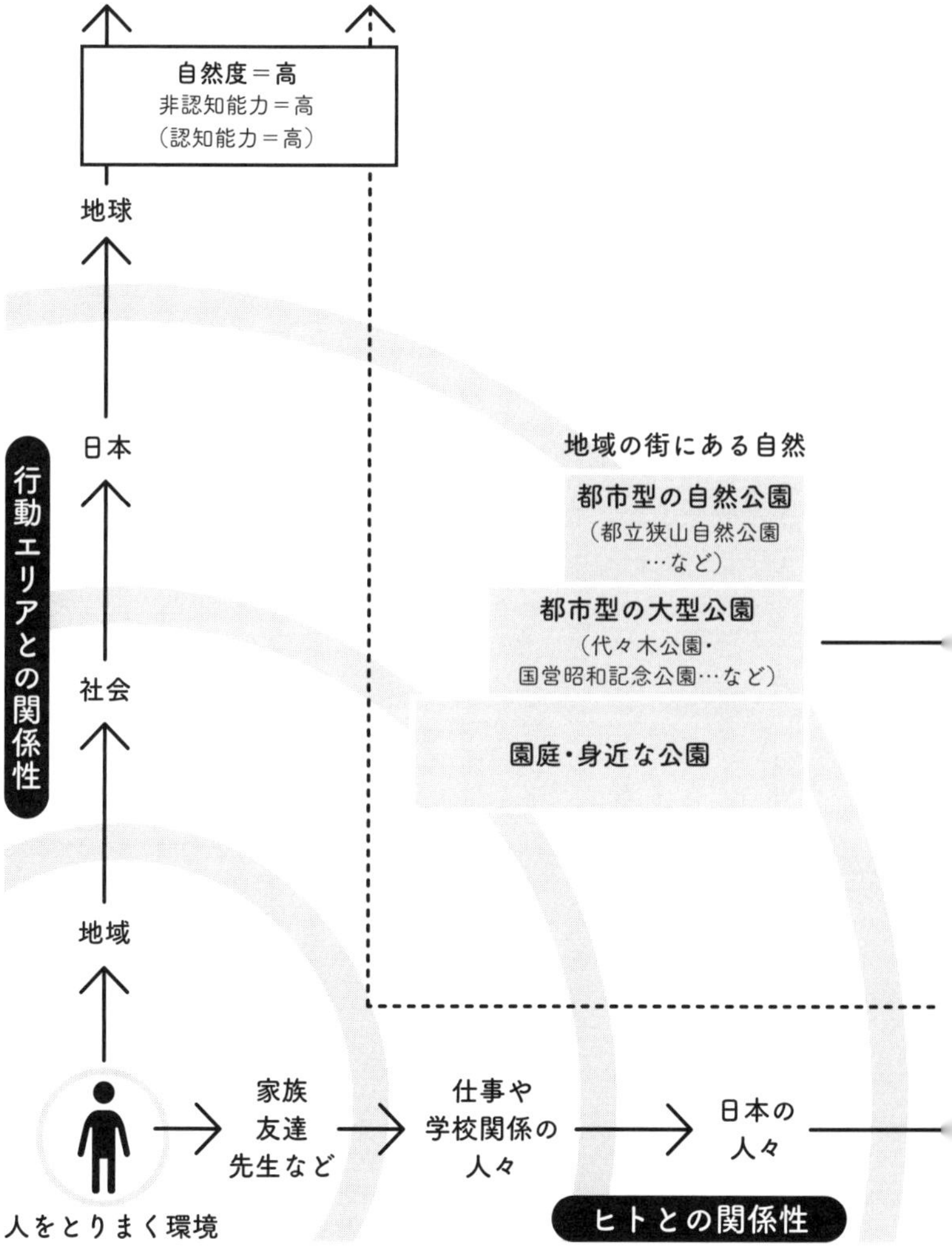
自然度＝高
非認知能力＝高
（認知能力＝高）
地球
日本
社会
地域
行動エリアとの関係性
地域の街にある自然
都市型の自然公園
（都立狭山自然公園
…など）
都市型の大型公園
（代々木公園・
国営昭和記念公園…など）
園庭・身近な公園
人をとりまく環境
家族
友達
先生など
仕事や
学校関係の
人々
日本の
人々
ヒトとの関係性

次に、②の「自然度の度合いレベル」を考えてみましょう。たとえば、2歳の子と6歳の子とでは、当然あそべる場所に差が出ます。運動能力的な観点でいうと、里山レベルであっても2歳の子は自由にいろんな場所に行くことはできませんが、チャレンジ精神旺盛なら、6歳の子はある程度の範囲を自由に行動できます。

自然あそびでこの〝自然度〟を考慮するとき、お母さんやお父さんは①の「子どもの発育発達のレベル」を必ず条件にすると思います。ただ子どもの〝安心安全〟を必ず確保する必要があるので、P206～207のように〝あそぶ場〟による自然度の違いを大人側が知っておくことは非常に大事なことです。なぜなら自然度が高まるほど人間の安心安全を脅かすリスクが高まるからです。

たとえば、冬の高山は〝死〟と隣り合わせです。夏の海水浴場であっても、毎年のように「死者が出た」というニュースは後を絶ちません。どんな場所でも、自然では私たち人間が思いもつかないような出来事が起こるのが、逆に常識なのです。当然、私たちが住んでいる地域の公園レベルであっても、危険は付き物です。

私は、「自然度の度合いのレベル」と「安心安全に対するリスク」と「非認知能力の学び度指数」の相関関係にあると思っています。具体的には、次のようにイメージしています。

・自然度の度合いのレベル　高↑↓低
←→
・安心安全に対するリスク　高↑↓低
←→
・非認知能力の学び度指数　高↑↓低

身近なところでたとえると、都市部で、子どもと一緒に気軽に通える公園も自然度で分けると三段階に区分けすることができます。

▼園庭・校庭・身近な公園
※幼児や小学生がある程度あそべるくらいの公園（10ｍ×10ｍの近所の公園など）
▼都市型の大型公園
※代々木公園や国営昭和記念公園のように人工的だが、広い土地と自然がある公園
▼都市型の自然公園
※等々力渓谷公園や野川公園のように自然の残る場所が比較的に多い公園
基本的に、遊具でも花壇や森林などの自然でも人工的に作られたものが多いほど設

計段階で危険性を配慮されているため、普通にあそべば安心安全度は高いです。
一方、人の手が行き届いていない範囲が広がるほど危険度が高くなるため、安心安全度は低くなります。ここは〝自然あそび〟をする場合、お母さんやお父さんが知っておいてほしいことです。前述した年齢と同じように、単純に公園の「面積が広い」=「自然度が高い」とはならないことは認識しておかなければいけません。

自然にも海や川や湖、森や山といった種類がありますが、それぞれに「自然度が高いか低いか」は存在します。

たとえば、海。人工的な砂浜が作られた海水浴場は自然度で言えば「低い」ですが、非海水浴場や干潟などの人の管理が行き届いていない海に属する場所は当然「自然度が高い」です。P206〜207で示すように〝山〟に目を向けると〝自然度〟はわかりやすいですが、私たち自然あそびの専門家からいうと、一般人に考えつかない条件はその部分に季節や天候が加わることです。もちろん一概には言えない部分もありますが、やはり寒さの厳しい冬や悪天候時は危険度が非常に高いです。
P206〜207も〝非認知能力〟を身につける〝場〟として〝自然度〟との関係性をわかりやすく伝えるために提示したものなので、そこは説明させていただきます。

最後に、③の「自然あそびの場づくりのレベル」がやはり親子関係で培う〝非認知能力〟という意味では、子どもに与える影響が大きいでしょう。ほかにも、祖父母との関係、友達との関係、先生との関係など関わる人といっても種類がありますし、また〝人数〟によっても身につけられる〝非認知能力〟は変化します。

だから、第一章（P84〜参照）でも触れましたが、本書では「自然あそびを学びに変える要素」として6つのことが大切だと紹介しました。お母さんお父さんをはじめとする〝仕掛け人＝場づくりを行う人〟のスキルが子どもの成長を左右します。

【自然あそびの〝仕掛け人〟＝場づくりする人に必要な6つの要素】

①ガイド（安全に案内する人）
②インタープリター（自然と人との仲介役になって自然解説をする人）
③ティーチャー（相手が知らない知識を教える人）
④ファシリテーター（良い場づくりをする進行役）
⑤インストラクター（技術を指導する人）
⑥エンターテイナー（参加者を楽しませる盛り上げ役）

もちろん〝自然あそび〟の場合、お母さんやお父さんに自然を仕事にした専門家ほどのスキルが求められているわけではありません。ただ、子どもが〝非認知能力を学ぶ〟うえでタイミングよく適材適所で自らの持つスキルを生かして〝場づくり〟をすることは大切なことです。ある程度の理屈として、最低限はこの6つの要素を知っておいたほうがいいことに違いはありません。

さらに自然度のレベルが高くなるほど人間の安心安全を脅かすリスクは高まりますから、やはり知識を身につけておくことは大事なことです。子どもの安心安全を守るためには、「自然あそびを学びに変える6つの要素」に対する大人の資質が向上しないと、その保証を担保することは困難になります。なので、自然度が高いところに行きたい場合はガイドなどのプロにお願いすることが不可欠になります。

これほどまでに私が「自然あそびで非認知能力を身につける」ことにこだわっているのは、「非認知能力が求められるのが社会に出てから」だと思っているからです。

P206〜207のように子どもから大人にかけて行動範囲が広がり、徐々に人とのつながりも多様になります。社会に入れば人種や国境を越えて価値観の異なる人々と過ごすことが当たり前の現代では、お母さんやお父さんが想像も及ばない出来事が起こるなかで、子どもは生活をすることになります。つまり、本書のP26で定義した〝非認知能力〟が問われる環境下に〝いま〟自分の子どもが置かれているのです。

もう一度振り返りますが、本書で記した〝非認知能力〟の定義は「未知の領域に対して自分が満たしたい好奇心や探究心を、想像力や知恵を働かせて解決したり実現したりしていく力」です。

だから、人間の手が加わっていない自然度が高くなるほど〝非認知能力〟が身につくのは説明するまでもありません。たとえば、街中の公園より〝未知の領域が広く深い〟のは間違いなく山であり、里山よりも高山のほうが必然的に〝非認知能力の学び度指数〟は高くなります。自然度が高いほうが、人間は体力、技術、知識などの部分で高い非認知能力を必要としますから、そこで養われるのは大きなことです

これが自然の平等性でもあります。

この平等性に関しては、健常者も障害者も関係ありません。車イスで生活する人でも、高尾山に登ることは可能です。もちろん関わる人のサポートを必要としますが、本人の意思と学ぶ意欲があり、事前の準備がきちんとできればクリアできます。本人が多様な非認知能力を発揮し、高尾山に登るために必要なサポートスタッフを交渉し

て一つのチームを作ったりし、それらをクリアしたら登頂は十分に実現可能です。
この自然の平等性においては、個別性というもう一つの考え方を持っておくことが重要です。それは大人が子どもを〝個別的に見る〟ことができないと、一人ひとりの学びにつながらない場合が発生するからです。年齢に関係なく、できる子はできる。たとえ5歳の子でも、8歳の子と同じ自然条件でさまざまなことができる子は、どんどんいろんなことにチャレンジして主体的に成長していきます。

つまり自然度に関する条件は、仕掛ける人＝場づくりを行う人が〝飛び級がある〟ことを理解しておく必要があります。

大切なのは、場づくりをする人が子どもに向き合って信じることができるかどうかです。そして、自然度が高くなるほど危険度のリスクが高まることを認識し、子どもの安心安全を守りつつ、思い切りあそべる環境を作り出せるかどうかです。この二つのバランスを考えて、どう子どもの学びにつながるような〝場づくり〟ができるか。
これが本書を通して、お母さんお父さんや先生に学んでほしい内容です。自然あそびの場合、大人が子どもに対してさまざまな〝場づくり〟を上手に実践することができれば、P215に書かれてあるいろんな項目を育むことができます。

幼児教育において育みたい資質・能力の整理

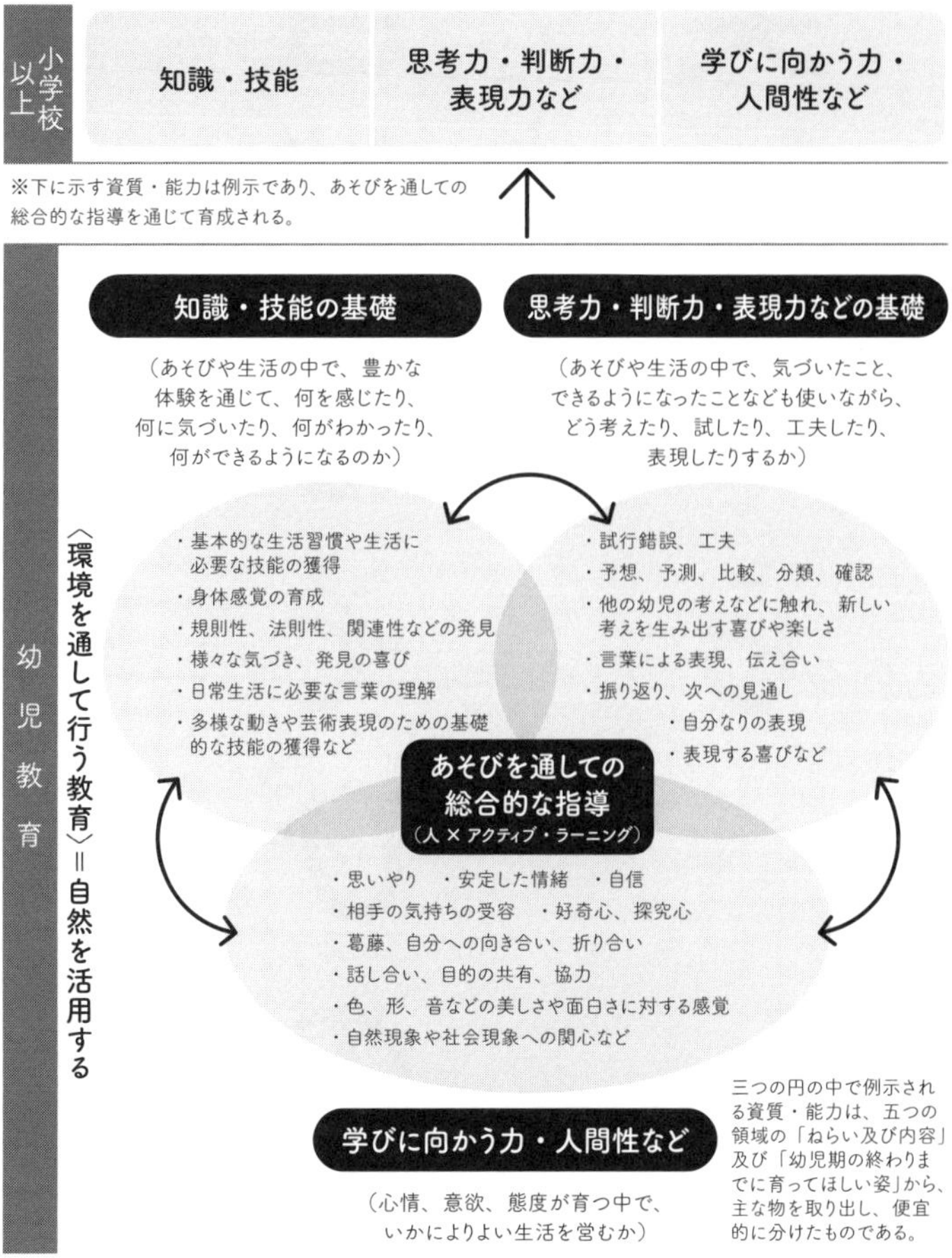
小学校以上
知識・技能
思考力・判断力・表現力など
学びに向かう力・人間性など
※下に示す資質・能力は例示であり、あそびを通しての総合的な指導を通じて育成される。
幼児教育
〈環境を通して行う教育〉＝自然を活用する
知識・技能の基礎
（あそびや生活の中で、豊かな体験を通じて、何を感じたり、何に気づいたり、何がわかったり、何ができるようになるのか）
思考力・判断力・表現力などの基礎
（あそびや生活の中で、気づいたこと、できるようになったことなども使いながら、どう考えたり、試したり、工夫したり、表現したりするか）
・基本的な生活習慣や生活に必要な技能の獲得
・身体感覚の育成
・規則性、法則性、関連性などの発見
・様々な気づき、発見の喜び
・日常生活に必要な言葉の理解
・多様な動きや芸術表現のための基礎的な技能の獲得など
・試行錯誤、工夫
・予想、予測、比較、分類、確認
・他の幼児の考えなどに触れ、新しい考えを生み出す喜びや楽しさ
・言葉による表現、伝え合い
・振り返り、次への見通し
・自分なりの表現
・表現する喜びなど
あそびを通しての総合的な指導
（人 × アクティブ・ラーニング）
・思いやり　・安定した情緒　・自信
・相手の気持ちの受容　・好奇心、探究心
・葛藤、自分への向き合い、折り合い
・話し合い、目的の共有、協力
・色、形、音などの美しさや面白さに対する感覚
・自然現象や社会現象への関心など
学びに向かう力・人間性など
（心情、意欲、態度が育つ中で、いかによりよい生活を営むか）
三つの円の中で例示される資質・能力は、五つの領域の「ねらい及び内容」及び「幼児期の終わりまでに育ってほしい姿」から、主な物を取り出し、便宜的に分けたものである。

※（人 × アクティブ・ラーニング）の部分で出てくる「人」は、お母さんお父さん、友達、先生、専門家などを表す。

自然あそびの
実践から

第四章

非認知能力を身につける

〝自然あそび〟を通して非認知能力を学ぶ原理原則

自然あそび教室で発見した非認知能力を学ぶコツとは？

私の自然の定義は、建物から一歩でも外に出て風や陽射しを感じたら、もうそこからは「自然だ」というとらえ方です。それは無意識化においても〝気持ち〟が変化しているからです。もちろん自然環境の定義として学術的なことを言い始めたらいろいろ持論はありますが、単純に子どもが自然あそびを通して〝非認知能力〟、すなわち社会を生きていく力を身につけてもらえたらそれが一番うれしいことなので、最後まで自分なりに考えをロジカルに伝えられたらと思います。

そもそも私たちは普段から子どもも大人も自然度の高い環境に身を置くことはほとんどありません。たとえば、都会の人たちからすると「地方の田舎に住む人は自然度が高い環境で暮らしているのでは？」と考える人も多いでしょう。確かに都会の人から見たらそのとおりです。しかし、実際に地方の田舎に住んでいる人にとってはどうでしょうか？　きっとその環境が日常のはずです。

つまり、自然度の度合いの感じ方については人それぞれ異なることをある程度理解したうえで、ぜひ第四章の内容を読み進めていただけたらと感じています。

コラム4で示した自然度を大まかに可視化した図解（P206〜207参照）はあくまで一般的な考え方であり、明確に区域があるわけではありません。それぞれの領域で必ず重なり合う部分が存在します。たとえば、都市型の自然公園や里山や低山にさほど違いを感じないという人もいるでしょう。しかし、自然あそびから学ぶ場合にはそういった違いを見つけるよりも、まず「子どもが楽しい」と思える自然環境を選ぶことを基準にしてください。

自然度が低い環境下で子ども一人があそんで身につけられる非認知能力は当然その中で得られる範疇のものになりますが、だからといってそのあそびが意味がないものにはなりません。子どもはいつもあそぶ公園で同じようなことをしていても、大人には見えない感じ方をして違うことを学び、自分なりに成長を続けています。

【条件】自然あそびで非認知能力を学ぶ条件

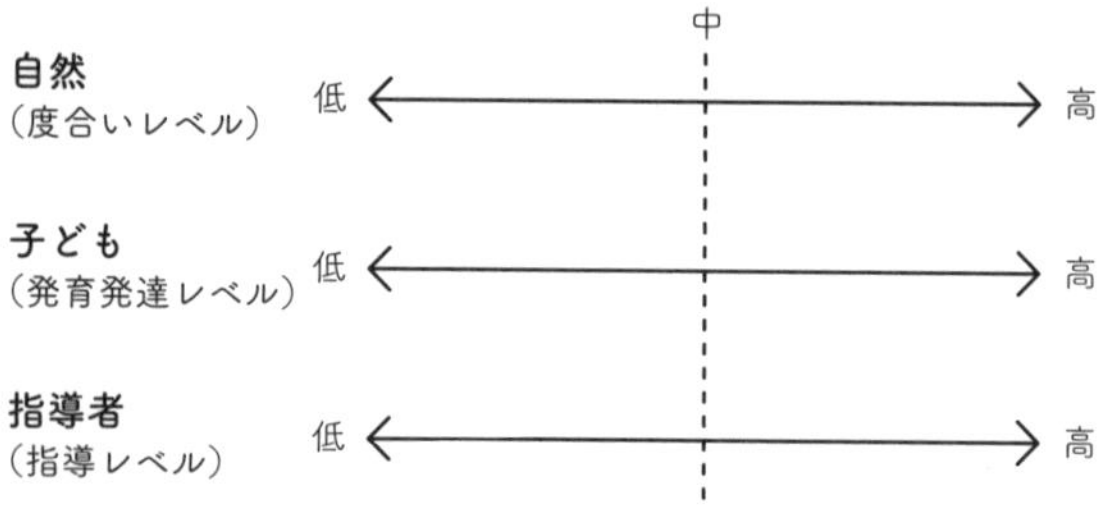

※指導者はお母さんお父さん、先生、友達など

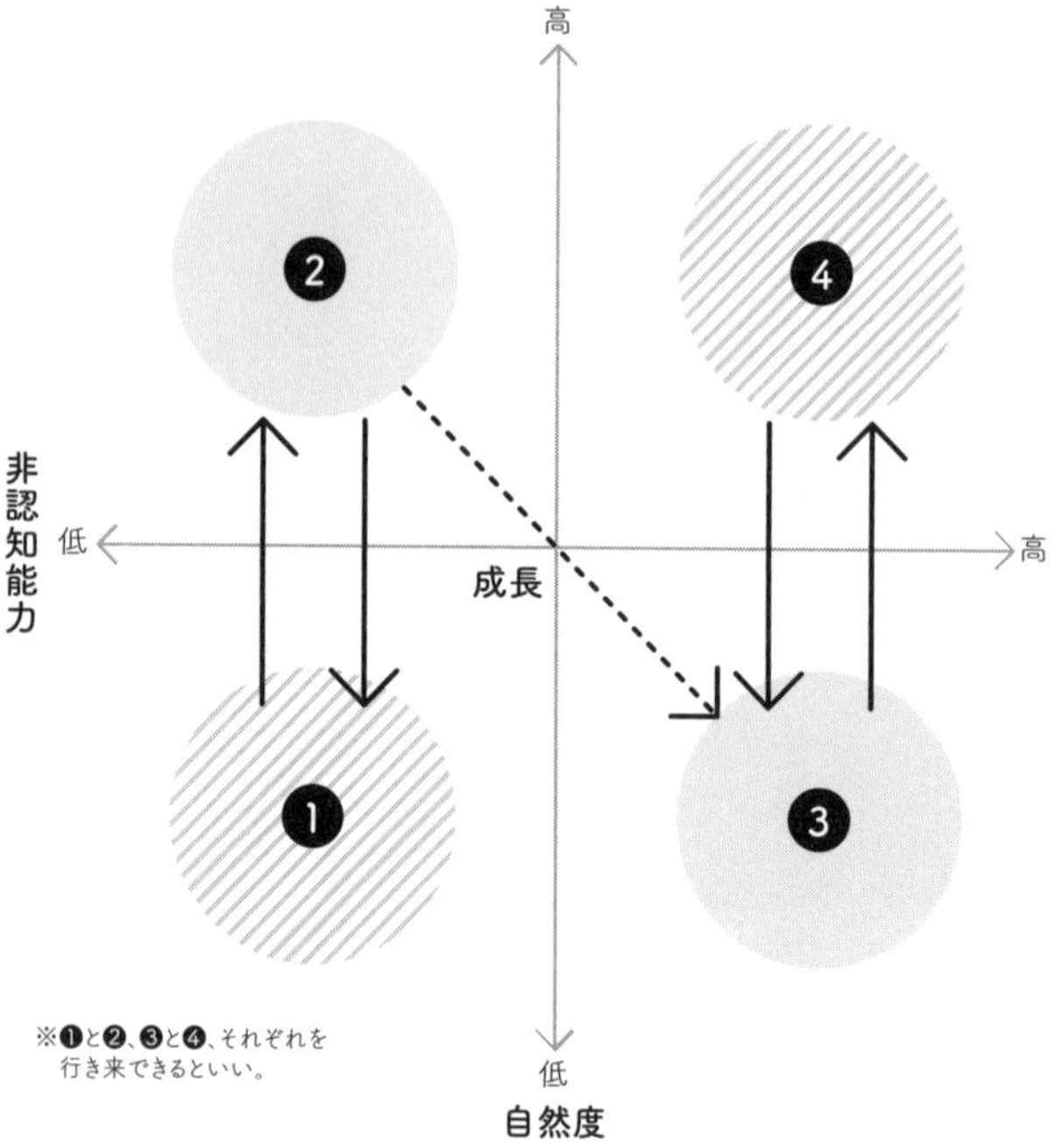

※❶と❷、❸と❹、それぞれを
行き来できるといい。

▼非認知度レベル①

自然度が低い　＋　非認知能力が低い

↓

▼非認知度レベル②

自然度が高い　＋　非認知能力が低い

ただし、非認知能力を身につける過程では、自然度の「低←→高」を行き来しながら徐々に次の「非認知度レベル③」に進む必要がある。つまり、②に進んでも①に戻ったりし、確実に子どもの体験を経験(自由自在に使いこなせる力に変化させる力)に変える場づくりが指導者には求められる。

↓

▼非認知度レベル③

自然度が低い　＋　非認知能力が高い

↓

▼非認知度レベル④

自然度が高い　＋　非認知能力が高い

ただし、非認知能力を身につける過程では、自然度の「低←→高」を行き来しながら、確実に子どもの体験を経験(自由自在に使いこなせる力に変化させる力)に変える場づくりが指導者には求められる。

コラム4（P204〜215参照）でも書いたとおり、「自然あそびを通じて、子どもが非認知能力を身につける」には、3つの条件が関わっています。

①子どもの発育発達のレベル
②自然度の度合いのレベル
③自然あそびの指導（場づくり）のレベル

これら①〜③の要素によって〝子どもの非認知能力の学び度指数〟がさまざまな度合いで変化します。2歳の子どもを身近な公園に連れて行ったとしても、お母さんやお父さんの指導レベルが高ければ身につけられる非認知能力も幅広く、さらに深く掘り下げることも十分に可能です。

このことを踏まえて、P220〜221の「自然あそびでの能力の身につけ方」を説明したいと思います。

たとえば、自然度が低いエリアであそぶと非認知能力の学びも低い範囲でしか得られないことは確かです。ただし大人の目には見えなくとも、子どもはその場に立ち止まっているわけではなく、ずっと成長し続けています。これを理解しておかなければいけません。別の言い方をすれば、それは「子どもを信じる」部分にも通じていきます。子どもは同じようなあそびを繰り返しているうちにいろいろな気づきや関心を得て、少しずつ非認知能力を高めているものなのです。

そうしていると、そのうちに少しあそび方に変化が表れます。はじめの頃はお母さんやお父さんが教えたとおりにあそんでいたのに、いつの間にか〝自分なりのあそび方〟に変わっていたりします。それがＰ２２０に描かれているグラフ「❶→❷」の変化になります。

この変化を大きく増幅させることができるのが、お母さんお父さん、もしくは先生の〝自然あそびの指導レベル〟です。

これまで私は〝場づくり〟が大事だと主張してきましたが、大人ができることは主に子どもが成長するキッカケとなる〝環境づくり〟です。自然で子どもが成長する環境づくりを行うときにはガイド、インタープリター、ティーチャー、ファシリテーター、インストラクター、エンターテイナーという6つの要素の配合を変化させながら楽しい、おもしろいと思えるような〝場づくり〟を提供することが大切です。この作った場がおもしろくないと、子どもの笑顔が増えずに非認知能力も高まりません。

私が子どもの自然あそびで心がけていることは、常に向上心だけを求めないことです。そもそも子どもの目的は〝あそび〟であり、お母さんお父さんのように〝学ぶ〟ことだけを「楽しい」とか「おもしろい」とかと感じているわけではありません。この子どもと大人の感覚の違いは認識しておく必要があります。

さらに子どもの成長過程は目に見えるものだけではありません。子どもの内面でもさまざまな感情の変化が湧き起こっています。大人はそのことを念頭に置き、子どもの様子を観察することが大前提です。

そうすると、同じ公園の同じジャングルジムで何度もあそんだとしても初めてのときと数回経験した後とではあそび方、感じ方がきっと変わっているはずです。

最初はただ上がることだけに必死だったのが、そこから内側へと冒険して探りながら頂上を目指したりします。単純に言葉で説明すると「ルートがたくさんあることに気づく」ということでしょうが、これは子どもがいろいろあそんだ結果としてたどり着いたことを大人の解釈で表現したにすぎません。これを読むと、いかにも子どもが初めから見つけたり考えていたりしていたように思えますが、子どもの中では試行錯誤した結果得られた経験が醸成され、たまたまふと思いついた行動だったりします。

つまり、そうやって〝思考〟という意味で子どもはあっちこっちに行ったり来たりしながらいろんなことを考え、その時々で学んでいるのです。

数多く自然あそび教室を開き、たくさんの子どもが学ぶ過程を見つめて思うのは、〝非認知能力〟を身につける過程で大事なのが自然度の高い場所と低い場所とを行き来しながら学びを進めることです。

たとえば、公園もいろんな場所を使ってみたり、一年に一回は田舎の祖父母のところに泊まりであそびに行ってみたりと、たくさんの環境に子どもを置いて多くの刺激を与え、そのうえで普段どおり身近な公園に連れていってみることです。

私はこういう場所の変化＝環境の変化も子どもの非認知能力の土台を穴だらけにせ

ず、密度の高い強固な土台づくりにつながると実感しています。なぜならたった数回のあそびでさまざまな非認知能力を身につけられるほど人間は賢くないからです。

子どもはそもそも何事も「０（ゼロ）の状態からスタート」しているわけなので、少しずつ学びを広げたり深めたりしながら徐々に非認知能力を培っていきます。

それが当たり前なのでＰ２２０のグラフのように「❶」と「❷」の領域を行ったり来たりして非認知能力の土台を豊かに育むのがベストのやり方です。お母さんお父さん、また先生は子どもが夢中になっていろいろ試行錯誤する過程の中にこそ〝学びのかけ算〟があることを知っておくことが重要です。

こういう学びの過程＝行間を含めて、大人側が「それをどう読み取っていくか」が子どもの身につける非認知能力を大きく左右すると考えています。

私の中では、そういう行間を読み取る能力も「大人側に必要不可欠な非認知能力である」と解釈しています。

ある程度、じっくりと子どもの非認知能力を育んだら、ようやく身近な公園の中でもちょっと難解な仕掛け＝刺激を作ることが可能になります。たとえば、これまで一人で達成できていたものに兄弟を加えてグループワークのような環境を作ってみたりするのも一つの方法です。やり方は千差万別に存在し、お母さんやお父さんが高い非認知能力を必要とするような〝場づくり〟をしていきます。

そして、そこから自然度を上げ下げしてレベル調整し、非認知能力という土壌をよりよく肥沃にしていくこと（コラム3P163参照）が、私たち大人にできる環境づくりです。これが自然あそびを通して非認知能力を学ぶ原理原則だと思っています。

最後に、この原理原則で私から伝えておきたいことがあります。それは本という性質のことです。私は数多くの自然あそび教室の経験から読者の方々に〝子どもの学びサイクル〟をわかりやすく法則化して可視化する形で本書に綴ってきましたが、それも傾向から算出した一つの法則であり、すべての子どもに当てはまるものではありません。きっと問われているのは大人も非認知能力であり、だからこそ自分の子どもに当てはまらない場合はこれの内容を参考に組み合わせたり、省いたりして、新しく作り出したりして、お母さんお父さんも試行錯誤することが結果的に子どもの学びにつながります。そこを読み誤らないように活用していただけたら幸いです。

自然あそびの学びサイクル、具体的な三本柱の考え方！

自然あそびを通して得られる非認知能力を可視化する

本書の主な対象年齢が「10歳くらいまで」ということは第二章（P122～参照）で記しましたが、「何歳から有効」だという内容には触れていなかったので、そこから再定義します。私の考えでは「2歳」からが主な対象年齢になります。なぜなら外を歩けるようになり、言葉を話して意思表示をできるようになるからです。また、2歳からお母さんやお父さんのサポートを受けながら「自然あそびを通して非認知能力を少しずつ身につけていく」ことが可能だからです。

実際に、私が所属する会社では幼稚園や保育園のコンサルタント業務も行い、幼児教育者向けに自然体験を活用した指導者教育、幼児向けに自然体験教室も提供しています。そうした経験を生かし、本書は２０１８年から具体的に動き出している幼児・

学校教育をもとに「非認知能力に必要な資質・能力の3つの柱」を利用して「自然あそびを通じた基本的な学び方」を考えました。

はじめに振り返りとして、その3つの柱は次の項目です。

【非認知能力に必要な資質・能力の3つの柱】
①自然あそびで学ぶ知識および技能
②自然あそびで学ぶ「思考力・判断力・表現力など」
③自然あそびで学ぶ「学びに向かう力・人間力など」

それぞれの詳しい説明は、第二章のP140～161を参照ください。この第四章では、2歳～10歳の子どもを持つお母さんお父さん向けに「どうやって①～③を学んでいくのか」を紹介していきます。

この基本的な考え方が自然あそびのスタート段階です。さらに非認知能力の学びが高まった子は次にどう段階を踏むのかも解説します。

まずは、次のページにある非認知能力の学びを可視化した図解をご一読ください。

れる子どもの非認知能力

非認知能力 → 高

▶自然あそびで得た非認知能力のさらなる変化、展開が起きると、非認知能力が高まる工程に進みます。

START から①～③が次の段階に進むと下記になります。

① 知らないことやできないことを自分で知り、「おそらくそうだろう」と実行して体得できる

② 自分で「選ぶ」「決める」「伝える」「やれる」ことが増えていき、自らの目的を達成するための行動ができる

③ 自分（たち）で問題が解決でき、目的にたどり着くことができるようになる

サイクルの考え方

3つの柱のはじまり

指導者（お母さんお父さん／先生）がフォローしながら未知の状況にも対応し、学んだことを生かして自ら知識や技能を身につけていく

「なんでだろう」「どうしてだろう」「どうしたらできるだろう」と思って「やってみよう」と行動ができる

①②の学びを通じて「教えたくなる」「意見を言い合う」「助ける」「相手の気持ちを理解する」ような経験を得て、誰かと一緒にあそべるようになる

→ **自然あそびで得た非認知能力のさらなる変化、展開が起きる**

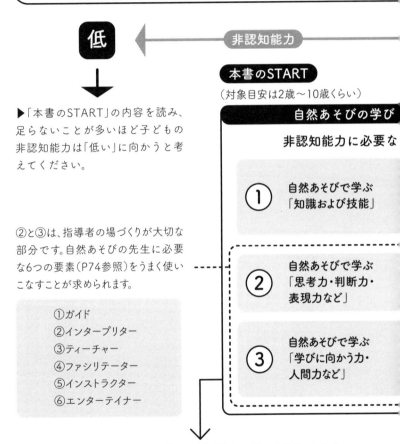

自然あそびを通して得ら

低

非認知能力

本書のSTART

（対象目安は2歳〜10歳くらい）

▶「本書のSTART」の内容を読み、足らないことが多いほど子どもの非認知能力は「低い」に向かうと考えてください。

自然あそびの学び

非認知能力に必要な

①自然あそびで学ぶ「知識および技能」

②自然あそびで学ぶ「思考力・判断力・表現力など」

③自然あそびで学ぶ「学びに向かう力・人間力など」

②と③は、指導者の場づくりが大切な部分です。自然あそびの先生に必要な6つの要素（P74参照）をうまく使いこなすことが求められます。

①ガイド
②インタープリター
③ティーチャー
④ファシリテーター
⑤インストラクター
⑥エンターテイナー

これらをベースにお母さんお父さん（先生）と一緒にあそぶことから、徐々に友達と一緒にあそぶことに移行し、そこであそび込みが始まる

【非認知能力を学ぶスタート段階】

①自然あそびで学ぶ知識および技能について

▼子どもは自然あそびの中で隣に寄り添って見守ったりサポートしたりしてくれるお母さんお父さんや先生のフォローを受けながら、勇気を出して未知の状況に対応し、自ら学んだことを生かして知識や技術を獲得する。

まず、スタート段階の子どもの成長過程を言葉で説明すると右記になります。その子にとって自然度が高くなるほど危険のリスクが高まるため、まだ何も知識や技能を身につけられていない子どもに対しては、最初のうちはお母さんやお父さんがある程度「こうするよ」とフォローしないと安心安全を確保できない段階からのスタートです。そういうことを踏まえてお母さんお父さんがきちんと子どもをサポート（見守り）しつつ、時に壁にぶつかったときは「こうしたら？」と教えたりヒントを出したりしながら未知の状況に対応する〝場づくり〟をし、子どもはそこで学んだことを次に生かして徐々に知識や技能を身につけていきます。

②自然あそびで学ぶ「思考力・判断力・表現力など」について

▼子どもが自然あそびを通じて少しずつ「なんでだろう?」「どうしてだろう?」「どうしたらできるだろう?」と思って「やってみよう」と行動ができるようになる。

夢中になって自然の中であそんでいる最中に子どもが何かに興味・関心を持ち、そこから冒険心や探究心が湧き起こって「やってみよう」と行動するように、お母さんお父さんが心の移ろいを観察することが大切です。そして、進みたいけど、少し歩みが止まってしまったときには手を差し伸べ、サポートすることも必要です。

そういう挑戦できる環境を子どもは自然に感じ取り、自らの行動を通じて失敗や成功を繰り返しながら考え、「やってみよう」と目的を達成するためにどうするか判断し、自分なりの方法でさまざまなことを表現しながら成功にたどり着いていきます。これは子どもが自然にイノベーションを生み出す〝PDCAサイクル〟です。

③自然あそびで学ぶ「学びに向かう力・人間力など」について

▼子どもが①と②の経験を通じて未知の状況から徐々に「教えたくなる」「意見を言い合う」「助ける」「相手の気持ちを理解する」ような気持ちになる経験を得ているので、誰かと一緒にあそべるようになる。

この段階では、お父さんやお母さん、また兄弟や姉妹と一緒にあそぶ経験をある程度積んでいます。最も安心安全が約束された家族とのあそびを通じて子どもの中にも「友達と一緒にあそんでも大丈夫」だという素地＝自信が作られています。

実際に友達とあそび始めると、その都度、家族とあそぶときとは違う状況にいろいろ出くわします。たとえば、できない友達がいたり、自分とは違う意見の友達がいたり。子どもにとっては多様な環境に身を置くことになります。その中で、子どもは「教えたくなる」「意見を言い合う」「助ける」「相手の気持ちを理解する」というような心が自然に芽生え、徐々に友達とのあそび込みが始まります。

そして、ここからが子どもの本領発揮です。

それまでの自然あそびで得た非認知能力を自らでさらに展開させて変化を起こし、子どもはどんどん成長していきます。成長速度を上げながら学びを広げたり深めたりして、身につけた非認知能力は次の「高い」段階へと進んでいきます。

当たり前のことですが、非認知能力が「高い」の基本的な考え方は、P228からのスタート段階で身につけた「非認知能力に必要な資質・能力の3つの柱」をベースに再び①～③も次の段階の学びへと高まっていきます。

【非認知能力を学ぶ「高」の段階】

①自然あそびで学ぶ知識および技能について

▼自然あそびの最中に「知らないこと」や「できないこと」が出てきたら、子どもがはじめは大人にヒントをもらいながらも自ら知る方法を探して考え、「おそらくこうだろう」と解決方法を見つけ、きちんと自分自身の力で実行して体得できる。

最初＝スタート段階は、もしかすると子どもが「どうすればいいか」を探す方法もやり方もわからないため、お母さんお父さんが調べ方ややり方のヒントを出すことになったりしますが、最終的「高」の段階には自分で知る作業、やる作業を行います。そうして得た知識や技能を活用して自分なりに仮説を立て、それに向かって実行して自らが望んでいた知識や技能をさらに広げたり深めたりしていきます。

「高」の段階では、お母さんお父さんは困ったときにだけ手を差し伸べる程度で、子どもを信じて様子を見守り、信じて待つことが多くなります。

②自然あそびで学ぶ「思考力・判断力・表現力など」について

▼子どもが自分自身で「選ぶ」「決める」「伝える」「やれる」ものが増えていき、自らの目的を達成するための行動ができる。

スタート段階の〝②〟（P230～231参照）をお母さんやお父さんのサポートなく、自らで自然に行うようになっていきます。だから、この段階になるとあくまでお母さんお父さんは見守るだけの状態が基本的なスタンスです。

たとえば、子どもにとって状況が未知すぎて安心安全を確保できない場合にはサポートをすることもあります。ただこの段階では、それほどまで子どもがもう自立して学びを得ている状態です。

③自然あそびで学ぶ「学びに向かう力・人間力など」について

▼自分、もしくは自分たちで問題を解決することができて、その時々で思いつたり考えたりした目的にきちんとたどり着くことができるようになる。

この段階になると〝高い〟の段階の①と②も大きく育まれています。だから、たとえば「私は右に行きたい。でも、君は左に行きたい。だったら、どうしようか?」というような子どもたちの中で起こる問題も自分たちで解決できる力を培っています。他者と一緒にあそんで対立などの問題が起こったとしても、だいたいを大人の力を借りることなく、主体的に目的に向かって進む力をどんどん高めていきます。

【非認知能力を学ぶ「低」の段階】

本書の非認知能力を学ぶ「低」の段階は、スタート段階からの引き算という考え方です。

P232~235に書いた①~③の内容それぞれで足りない点があれば、それだけ「低」に針が振れることを意味しますので、お母さんお父さんが子どもに根気強く寄り添い、丁寧に一つひとつ答えを教えたり導いたりしながら、まずは非認知能力の土壌に栄養を送り続けて成長をうながします。

本書は子どもを信じることを前提としているため、「低い」という概念はなく、あくまで「2歳~10歳の間は知らないだけ」のことなので、基本はお母さんお父さんが子どもと一緒に「0(ゼロ)」から自然であそびながら学びを育んであげてください。

認知能力を高める方程式

× **指導者・友達・親・専門家** ＝ **非認知能力の学び度指数**

（低←→高）レベル

レベルは各3段階
（高←中→低）
その場合、数値の範囲は
「Min 1 ～ Max 27」

※ただし、自然度が高くなればなるほど危険に対するリスクも高まる。そのため、指導者には安心安全に対する管理能力も求められる。自然度が高い場合は、別途で専門家にサポートしてもらう方法も考えられる。

×	レベル1	＝	1
×	レベル3	＝	6
×	レベル1	＝	9
×	レベル3	＝	27

わったら「9」の学びにしかならない。この場合、もし指導レベル3の人だったとしたら「27」の学びにまで到達できる。つまり、「非認知能力の学び度指数」は子どもの発育発達レベルはもちろん、自然度、指導者の指導レベルの度合いによって大きく左右されることを理解してほしい。

自然あそびで子どもの非

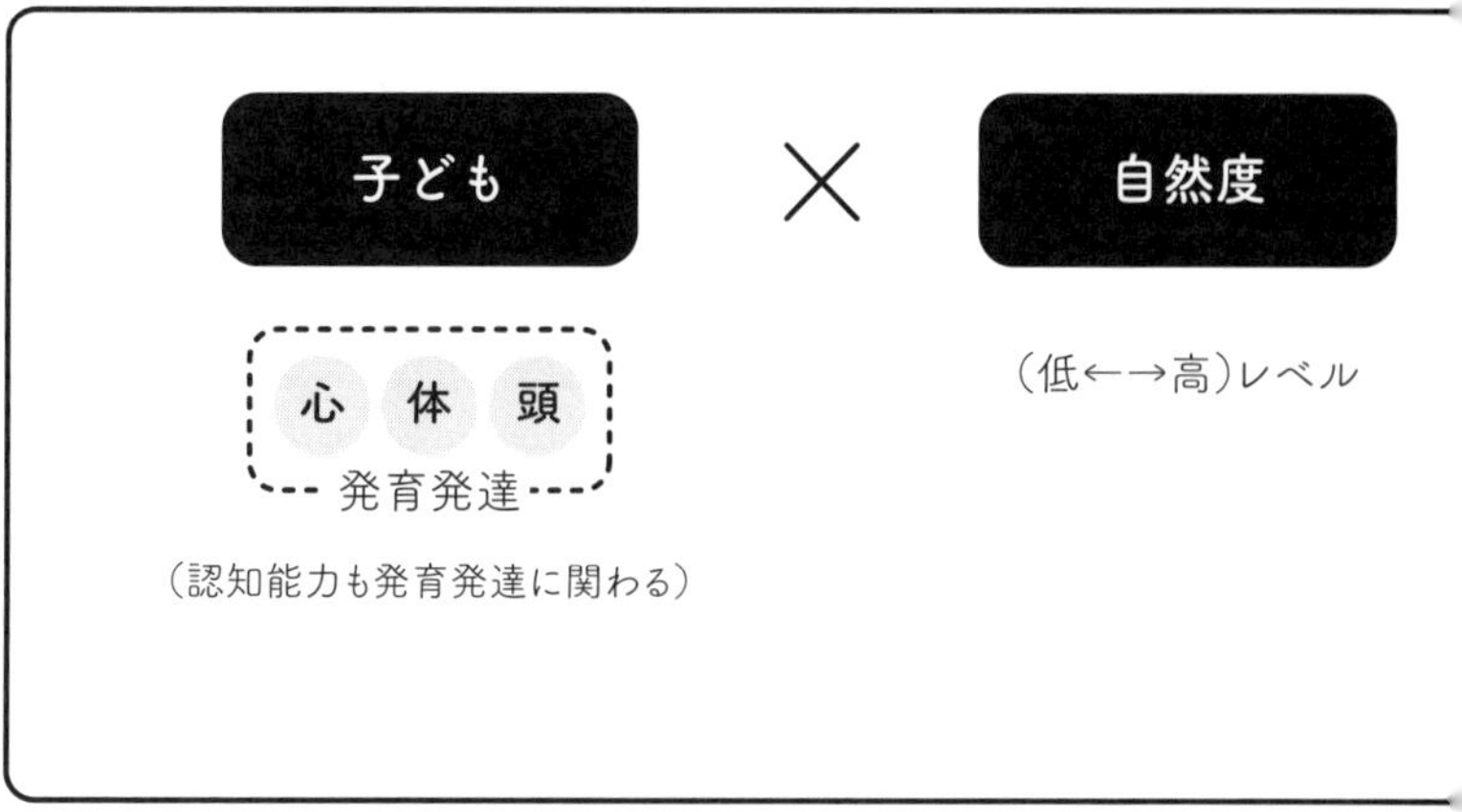

【例】

【例】	レベル1	×	レベル1
	レベル1	×	レベル2
	レベル3	×	レベル3
	レベル3	×	レベル3

たとえば、子どもの発育発達レベルが1であっても、自然度のレベルが2の場所に行って指導者の指導レベル3の人が自然あそびの場づくりを行ったら「6」の学びが得られる。しかし、子どもの発育発達レベルが3で自然度がレベル3の場所に行っても、指導者の指導レベル1の人が関

自然あそびで非認知能力を高める学びの方程式とは？

非認知能力の学び度指数は発育発達、自然、場づくりのかけ算

この第四章の内容を考えるにあたり、読者が〝非認知能力指数〟のようなものを知ることができたら内容をもっと理解し、より良く活用してもらえるかなと思い、コラム4（P204～参照）から自然と非認知能力の関係について可視化をしています。その試行錯誤の末、何と何を組み合わせたら自然あそびを通じて、子どもが非認知能力を身につけられるのかが見えてきました。それが次の3つの条件です。

①子どもの発育発達のレベル
②自然度の度合いのレベル
③自然あそびの指導（場づくり）のレベル

前述（P238〜239参照）したとおり、非認知能力の学び度指数をどうやって算出するのかに対する答えは、①〜③の掛け合わせによって決まります。

ようするに、これが〝自然あそびで子どもの非認知能力を高める方程式〟です。

仮に、①〜③のレベルを「高→中→低」の三段階に分けたとすると、数値の最小値は「1×1×1＝1」で、最大値は「3×3×3＝27」になります。

もちろん子どもが①〜③それぞれ「高→中→低」のどのレベルに位置するかは、お母さんやお父さんの主観で構いません。この〝非認知度の学び度指数〟は目安の一つです。数値そのものが大事ではなく、実際に「自然あそびをして何が育まれたか」が重要なので、数値は指標程度にとらえてもらえたらと思っています。

このことに触れると身も蓋もない言い方になってしまいますが、「そもそも非認知能力を数値で表すこと自体に矛盾がある」という人もいらっしゃるでしょう。確かにある意味そのとおりです。しかし今回、本書を通じてたくさんの人たちが自然あそびに興じ、親子の触れ合いを通じて自然に非認知能力が養われたら素敵なことだと、私なりにその矛盾を可視化することに挑戦しました。

第二章（P54〜83参照）でも書きましたが、子どもの頃はお母さんやお父さんに認めてもらうこと、満たされることが成長の必須条件です。普段は仕事が忙しく、なかなか親子一緒にあそぶことも少ないでしょう。だから、親子水入らずで自然に身を投じたときくらい、夢中になって一生懸命にあそぶことが結果的に非認知能力を身につける〝場づくり〟になればと、この本を書きました。それを踏まえて、自然あそびで子どもの非認知能力を高める方程式の説明を読んでもらえたら幸いです。

たとえば、子どもの発育発達レベルが1であっても、自然度のレベルが2の場所に行って指導レベル3のお母さんお父さんや先生が関わったら「6」の学びが得られます。しかし、子どもの発育発達レベルが3で自然度のレベルが3の場所に行っても、お母さんお父さんや先生の指導レベルが1だったら「9」の学びにしかなりません。

この場合、もしお母さんお父さんの指導（場づくり）レベルが3だったとしたら「27」の学びにまで到達することが可能です。つまり、「非認知能力の学び度指数」は子どもの発育発達レベルはもちろん、自然度、お母さんお父さんの指導＝場づくりを行うレベルによって〝学びのかけ算〟が大きく左右されるのです。

私は、自然あそびの指導レベル＝場づくりレベルが〝大人側の非認知能力指数〟だとも感じています。

ようするに、大人もそういう未知の領域に対して自分が満たしたい好奇心や探究心を、想像力や知恵を働かせて解決したり実現したりしていく力が必要です。

それが答えのない社会を生きていく力なのではないでしょうか。序章（P30参照）で私が定義した非認知能力がどういう内容だったかを覚えていますか？　まさに右記に書き記したとおりです。このことは子どもだとか、大人だとかは関係なく、年齢だって、性別だって、障害だって関係ありません。すべての人が平等に得られる能力だというのが、私の見解です。もちろん指導側のレベルによることを前提に……。

大切なのは、一歩踏み出す勇気、とりあえずやってみること。たったそれだけの心と行動があれば自然あそびから多くの非認知能力は身につけられます。むしろお母さんやお父さんが尻込みしていると、子どもがそれを得られるわけもありません。だから、自然に身をゆだね、子どもに関係なく、まずは夢中であそんでみてください。

自然あそび教室実践エピソード

謎の穴の主探し　～園庭・身近な公園編～

コンサルしている幼稚園の園庭で、ある子どもが穴を見つけました。穴があると「棒を突っ込みたい」「穴を掘り起こしたい」と思うのが、子どもの心理です。これは子どもが本来持つ探究心です。年少さんが、たくさんある穴の中に棒を片っ端から突っ込み始めました。しかし、ほじくり返しても何も見つかりません。

「この穴って何？」

子どもは先生にたずねました。

「じゃあ、何かが見つかるまで掘ってみようか」

先生は子どもにそう答えました。とにかく子どもは「穴の正体が何者か？」を知りたいのです。一生懸命に穴を掘っているうちに「何をしてるの？」と友達がやってきて、気づいたら大勢が集まっていました。

「穴に何が入っているかを探してるの」

そのうち、そこらじゅうで穴を掘って正体を探し出しました。結果的に先生のひと言が園全体を巻き込む〝プロジェクト型〟の保育に変わり、全員でその穴が何なのかを考えることになったのです。

そうして数日かけて大勢が手当たり次第に穴をほじくり返しているうちに、たまたま何者かを発見した子が現れました。先生と一緒に穴から掘り出し、何者かを採掘してみんなに見せました。でも、何者かがまったくわかりません。

だったら、「それが何者なのかを調べてみよう」ということになり、虫かごに入れて観察しました。子どもたちはその正体がセミで、その幼虫だとは想像もしていません。まさか土の中から地上に現れて木に登り、羽化するものだとも思っていません。

はじめて見つけたその一匹はケースに入れて放っておいたので、いつの間にか死んでしまいました。そこで、再び子どもたちは穴から幼虫を見つけ出しました。今度は何匹か発見できたのですが、そのまま放置しておけば、また死んでしまいます。

先生は子どもたちにこのような言葉を投げかけました。

「穴があったところと同じような状態にして入れておいたらいいんじゃない？」

そう話すと、子どもたちは土や草、木と虫かごの中に入れて幼虫が見つかった場所に近い環境を作り、それぞれ見つけた子たちが幼虫を家に持ち帰りました。その中で一人だけ幼虫が羽化し、セミになったことを突き止めました。

しかし、幼虫がセミになっている過程は見ていません。「どうやってそんな姿になったのか？」。子どもは幼虫からセミになるその間が知りたくてたまりません。

次の日、それをみんなに報告すると、友達も同じようにそう思います。

「幼虫からセミにどうやってなるの？」

セミを発見したときにはすでに幼虫の状態から色が変わり、羽が生えて成虫になっているので、子どもたちの頭の中では変化の過程を想像できません。ただ「幼虫とセミの抜け殻は形が似ている」から、子どもたちも抜け殻とセミを見て「なんとなくあいつがあいつになったんだろうな」というイメージはできています。〝変態〟という言葉は知らなくても、そうやって大きくなる生き物がいる存在は知っています。

とにかく子どもたちは「生きている幼虫からどうやってセミに成長したのか」という過程を知りたいから、それぞれの子が動き始めます。ある子はもう一度幼虫を探して家に持ち帰ったり、ある子は先生と図鑑で調べたりして、自分たちの探究心を満たすために納得できるまで行動します。

「発見した幼虫は木に登り、抜け殻から白い物体が出てきて、時間が経つとともに色づき、羽が伸びてきてセミになる」

ある子がこれにたどり着き、みんなに共有します。私はこれらすべてのことが非認知能力を学ぶ過程だと考えています。

たとえば、これを学校の授業に置き換えます。きっと教科書に幼虫からセミになるまでの過程が載っていて、先生が「こうこうこうだよ」と教えて終わるでしょう。絶対に、この幼稚園のように多くの園児が探求するようなプロジェクトにまでは派生していかなかったと思うんです。初めて穴を見つけた子に、「何だろうね」と先生が問いかけたことによってその子が一生懸命に穴の正体を見つけ始め、〝プロジェクト型〟の教育に発展していったのです。この最初の仕掛け方が先生による一方的なティーチングになっていたら、ここまでの広く深い学びにはつながらなかったでしょう。

これは人がいっぱい存在したことによって起こった現象です。もし親子で関わっていたとしても、お母さんやお父さんが一緒に穴を掘って探したかどうかで随分学び方も変わるはずです。大事なことは関わり方であり、仕掛け方であり、〝場づくり〟です。感情に対する刺激も自然のほうが多いですし、とても大きいです。

特に生き物については私たち人間が作り出せるものではないので、自然の中でしか味わえない出会いや感覚です。化学の実験も「おお、すごい」とはなりますが、セミなどの身近な生き物みたいに不思議な驚きと感動などいろんな複雑な感情を教えてはくれません。これは人工的なモノや環境では生み出すことができないのです。

お母さんやお父さんが、どこに「何でだろう?」という焦点をしぼるのか、どこに子どもが「何でだろう?」を思ったのかを見逃さず、子どもにどうやって〝場づくり〟を仕掛けるかによって非認知能力の学び方が大にも小にもなります。

大人は過程を飛ばして結果だけを求めすぎるため、子どもに対して結果を急ぎすぎます。そうなると頭でっかちになり、深い経験にはなりません。

ＩＴ技術が標準装備された現代社会は、これまでのように知識の豊富さだけでは個人を査定できなくなりました。単純に「知っているかどうか」、つまり認知能力的な学びを大人が子どもに提供していたら、これまでの学校のテストと同じです。

たとえば、一流のアスリートは技術だけにあらず。コーチの指導に対して「どうしたらいい？」を常に自分に問いかけ、アドバイスを受けた意味、「コーチがなぜアドバイスをしたのか」「自分がそれを身につけたらどうなるのか」などを想像しながら行間を読み取る作業を自然に行っています。この仕組みと同じように、お母さんお父さんも自分たちが仕掛けた物事に対して「子どもがどうすれば自然に興味や関心を持ち、行動を起こすか？」を考え、場づくりをしていくことが大切です。

そのために、自然は子どもと一緒に物語を紡いでいくには最高の環境なのです。

里山の大冒険　～都市型自然公園編～

自分たちが住む身近な公園は暮らしの一部です。自然度で言えば、最も低いレベルに位置します。しかし、都市型の自然公園は自然度でたとえると里山レベルです。都内では、国分寺崖線などのように野鳥や小動物の生活空間として貴重な自然が残っているような空間を指します。

こういう自然は、道路のような決められた道以外に抜け道がたくさんあるため、自分が「あっちに行ってみたい」と思えば好きなように歩くことができ、探究心や冒険心のままに進める場所が点在しています。「何が身につくか」と聞かれたら、一つは子どものボディバランスが整うフィジカル部分があり、自然度の高い公園ではそれが可能です。舗装された道路にはない凸凹や傾斜など自然環境でしか作り出すことのできない微妙な変化が身体的に負荷をかけているからです。

ある里山で幼稚園の年長さんと一緒にお弁当を持って朝から昼すぎまで自然あそびを行いました。子どもたちに「あそこで今日は何をしようか?」とたずねると「冒険したい」と元気よく答えてきました。なので、私は「ＯＫ！　じゃあ冒険しよう」と答え、その前に先生と園児とまず教室で作戦会議を開きました。

なぜなら「冒険だ」とすぐに里山に出かけてしまった場合、いきなり一人ひとりが好き放題に動き回り、私と先生だけでは子どもたちの安心安全を確保することができないからです。動きがバラバラな50人の園児に対して、大人の人口比率が低くなるほど子どもが「冒険をした」という実感と満足感も少なくなってしまいます。

そういった理由から、まず先生は50人の園児を7～8人のグループに分けました。本当にすばらしい〝場づくり〟です。50人全員を一気に動かそうとすると、限られた人数の大人が面倒を見るにはきついルールでしばらざるをえません。

しかし、一人の大人が7～8人担当することになったおかげで、多くのルールを課すことが必要なくなったので、子どもたちの冒険濃度を高める環境づくりができました。


子どもに課すルールが多いと先生の立場ではティーチングの要素が強くなりますが、自由度が高い環境ほどファシリテーションの要素を強くできます。

冒険には、子どもたちにとって「元いた場所に戻れるかどうか」という不安が常につきまといます。園児にとっては里山レベルでも自分たちだけで冒険するとなれば、すべてが未知の領域です。なので、先生は最初にこう指令を出しました。

「迷子にならないようにうまく帰ってきてね」

当然1グループに一人は必ず先生がついていますが、最低限のサポート役です。その指令を聞き、各グループが「どうやって帰ることができるようにするか」を考え始めました。あるグループは「動物が目の前に現れたらどうしよう」「崖から落ちたらどうしよう」という気持ちが働いたようです。

「先生、ロープがほしい」

そのグループはロープを全員で握りながら歩けば離れ離れになることがなく、安全だと思ったようです。子どもたちの中では、みんな一緒にいることが唯一の安心感なので、こういうアイデアが生まれたのでしょう。ほかにも、子どもの心理としては危ないところがあると行きたくなります。きっと友達とつながっていたら何かあったとしても「大丈夫」と感じたのだと思います。

各グループの様子を見ていると「お弁当をいつ、どこで食べるか」はいろいろな反応がありました。お腹が空いたチームはいつもより早く食べたり、景色がいいところで食べたいと場所を探してギリギリまで食べないで粘ったりと、実にさまざまでした。

私の中で一番おもしろかったアイデアは確実に帰るために目印をつけるグループがいたことです。季節柄、ちょうど椿の花がいっぱい落ちていたので、その花を拾って曲がるたびに角のところに花を置いていきました。そうやって子どもたちにとって未知の環境に飛び込み、「自然は命に関わる環境である」と実体験を通して理解します。観察していると、各グループでいろんなドラマが起こります。


冒険がテーマで、7～8人が一つのグループになって動くため、たとえばある曲がり角で「オレは右に曲がりたい」「私は左に曲がりたい」と意見が分かれる場合もあります。そういうトラブルがあっても、どうにかこうにか行く方向を決めて進んだりして、自分たちで物事を解決する力が育まれることも起こりえます。

確実に一つ言えることは、子どもたちがこういう物語＝ストーリーを描けた背景に先生の〝場づくり〟が大きく作用していることです。「子どもたちが主体的にアイデアを出し、行動できる環境をどうすれば生み出していけるか」。こういうことをファシリテーターとして適切に導いていく力は、今後、大人側に求められる能力です。

たとえば、50名を2つに分けて25名の2グループという設定だったらここまでのドラマは生まれていなかったはずです。子どもは関わり合いを持つ人や人数の設定でまったく異なる学び方をします。

里山のように自然度がいつもより高くなれば子どもにかかるプレッシャーは上がります。それだけ周囲を感知するセンサーが働くため、身につける非認知能力も身近な公園とは違うものを学びます。自然度が上がれば失敗や危険のリスクはそれだけ高くなりますが、そのことに比例して非認知能力を学ぶ質も量も格段に上がります。それは日常には存在しない環境下なので、違う経験をできるのは当然のことです。

自然を歩いていると表面的にはぬかるんでいなくても滑って転んでしまうことはありませんか？　これは葉っぱの下が湿っていてズルッと滑りやすくなっているからです。このように自然あそびでは予期せぬ事態がいろいろ起こります。

人工的な度合いが高くなればなるほどその場所は安全に設計されています。しかし、自然度が高い場所ほど普段どおりの安全な行動は通用しない場合が増えてきます。これは絶対に人工的には作ることができない環境です。

人工的な部分にも通じることですが、最近は大人が「これを学ばせたい」という思いが強すぎて、子どもから自然に湧き出た興味や関心に気づかずに、〝●●させる〟状態に陥っているシーンをよく見かけます。

子ども　「この穴って何？」
お母さん「それよりこのどんぐり、見て！」

こんな感じでお母さんに限らず、お父さん、また先生もかぶせて話を進めることがあったりします。もちろん「こういうことを学ばせたい」という思いは大切なことです。ただ、子どもの進む方向を無理やり矯正していく方法は非認知能力を学ぶうえではその効果が激減しますし、個人的にはナンセンスだと考えています。

私たち大人にできることは〝場づくり〟を行い、何か起きたことに対して、子どもにタイミングよく働きかけること。私は子どもが一生懸命に夢中になるようなキッカケを一緒に探すことを心がけています。大人が用意したストーリーに当てはめてしまうと、子どもは用意されたレールの上を走っている電車に乗って、ただ答えにたどり着いてしまうだけになってしまいます。

そうすると、電車から見える景色しか知らずに育ってしまいます。実は電車から降りると自分にとって楽しいと思える遊園地があることや、自分にとって怖いおばけ屋敷があることを知らずに育ってしまいます。

ワクワク、ドキドキするような体験をせず、そこで学ぶことができるたくさんのことをすっ飛ばし、ただただ答えだけを知っているような人間に育ってしまいます。私は、子どもに考える隙を作ることが上手な〝場づくり〟が大切だと思っています。

子どもにとってはその考える隙こそが自らのアイデアや発想を詰め込むことができる魔法の箱です。そして、その箱の中にあるものが、まさに〝非認知能力〟です。

夜の高尾山散策　～低山編～

私の子どもが幼稚園の年長の頃、夜の高尾山に行ったことがあります。キッカケは子どもが「野生動物に会いたい」と言い出したことでした。そこで、子どもと一緒に図鑑で動物のことをいろいろ調べているうちに「野生動物は夜に行動していることが多いね」ということがわかり、夜の高尾山を狙うことになりました。

夜、実際に現場に到着して周りを見渡すと、子どもが遠くに光っている動物の目を見つけて「いた！」と大喜びしていました。この日の目的は動物に会うことでしたが、夜暗い状態での散策だったので、子ども自身は五感に大きな刺激を受けていたようです。だから、一つひとつの出来事が記憶に残ったと思います。

たとえば、本来ならちょっとした坂なのに夜だからそれ以上の急な坂に感じたり。日中と違い、暗いところをヘッドライトで照らせる範囲は広くなく、狭い範囲しか光を照らせないので気を張って感覚を研ぎ澄ませたり。子どもにとっては未知の世界が満載です。コラム4（P204～参照）でも書きましたが、危険度では昼より夜のほうが断然高いです。それは見える範囲が限られるし、視界が悪いからです。

実は、山頂まで登るつもりでチャレンジしましたが、子どもが体力的に厳しくて断念しました。きっと夜だったこともあり、昼間より体力の消耗が激しかったのでしょう。この日はしっかりと昼寝をして万全の体制を整えて臨みました。しかし、それでも夜の動物散策や登山は想像以上に体力を奪われたようです。帰りは車の中でグッスリと眠っていました。

子どもの頃は本人が「やりたい！」といったことでも、経験値などの問題でくじけることは往々にしてあります。これは〝子どもの発育発達レベル〟にも左右されることです。だから、子どもがくじけたときに「どうするか？」という方法はいくつかお母さんお父さんや先生の中で準備しておくべきです。

自然ではどうしようもない場合もありますし、本人の発育発達レベルが追いついていない場合もありますし、保護者の持つ危険回避能力では対処できない場合もあります。いずれにしろ「ダメな場合は子どもと一緒にどう折り合いをつけていくのか」も非認知能力を養う意味では大切なことです。

ここから10年後、何が起こるのか、社会がどう変化するのかはわかりません。もしかしたら1年先すらどうなるかはわかりません。誰も「どんな準備をすればいいかわかりません」が、子どもが社会に出て、自立した生活を送らなければいけないことは変わらぬ事実です。だから、社会がどんなに変化しようとも、私たち、そして未来の大人たちはそれに適応しながら考えて走り続けていくだけです。

そのためにその場、その瞬間で対応できる非認知能力は重要なカギを握るので、10年後の2030年になっても求められる能力なのは間違いありません。

子どもの非認知能力を伸ばすのなら、大人が知識などの認知能力だけで子育てをしたらダメなわけです。子どもを信じて目の前で起きたことを大切に、主体的に行動を起こすまで待つこと。ここから子どもは少しずつその場、その瞬間に対応する力が身についていきます。それを感じられたら仕掛け方を変え、次に新しい経験をすることで解決方法という引き出しを一つひとつ増やしてあげたらいいのです。

そのためにも、大人は子どもとの関係性を上下ではなく、フラットにすることが必要不可欠です。そうしなければ、子どもが学ぼうと主体的にならず、一歩引いて受け身になり、結果的に大人がティーチング一辺倒になったりする羽目になります。

私は親子向けの自然あそび教室を開いたとき、あまりに上下関係を作りたがる親御さんがいる場合、たとえば経験がないのにできるふりをして子どもの上に立とうとする親に対して「大人も自分でやってみてください」と子どもの前であえて失敗させ、うまく冗談を言いながらフォローしつつ親子関係をフラットにすることがあります。

子どもと一緒に夢中になって自然あそびができる大人は小難しいことがわからなくても、意外に〝場づくり〟が自然にできていたりします。子どもの非認知能力を養う場合、私はそれだけフラットな関係が重要なポイントだととらえています。

子どもは関わる人、関わり方で学びが変わる　～番外編～

自然あそびで非認知能力の学び度指数を高める方程式（P238～239参照）でも説明しましたが、〝自然あそびの指導（場づくり）レベル〟によって、子どもは学びが左右されます。そのため、大人にできることは自分も非認知能力を高めることであったり、〝場づくり〟を上手に仕掛ける方法を勉強して行動を起こしたりして、まずは自身の学びの〝イノベーションが生まれる〟ＰＤＣＡサイクルを活発にすることが大切です。

①子どもの発育発達のレベル
②自然度の度合いのレベル
③自然あそびの指導（場づくり）のレベル

ここで、非認知能力の学び度指数を高めるこの３つの条件で、お母さんやお父さんが関与できる条件はどれでしょうか？

日頃から〝①〟に直接関わることはできず、〝②〟はどうしても移動が必要になって難しい場合があります。そうすると、お母さんお父さんが日常から取り組むことができるのは必然的に〝③〟になります。

単純に子どもにどう関われば、どう仕掛けたらどういう反応を示すかは普段から試すことができます。ただし、その中から子どもが想定外の生き物であることを同時に認識してほしいと思っています。その想定外の生き物を、これまた人間では予測のつかない自然に放つわけなので、非認知能力を学ぶ条件としては最高に相性がいいはずです。だから、大人にとっても予想がつかないストーリーが作られていくのです。

ここまでの園庭・身近な公園編（P244～参照）、都市型自然公園編（P250～参照）で紹介したとおり、自然あそびの場づくりの中に〝友達〟という要素が加わると学び方がさらに多様になりました。

もちろんお母さんお父さんが子どもとフラットな関係を作って一緒にあそぶことが大きなポイントですが、どうしてもティーチャーの割合が多すぎる人はいますから、そういう人は「教えない」をルール化してその割合を「0（ゼロ）」設定にしてもいいと、私は感じています。

とにかく子どもとの関係をフラットにある程度平等にしないと、「あっ！」と何か気づいたとき、おもしろいと感じたとき、間違ったと思ったときに感情が表情に出てきません。子どもは大人のように、いつも目の前で起こる現象を分析しているわけではありませんから頭で理解できるわけではないのです。自分が「楽しい」と感じたときに、一緒に自然あそびしているお母さんお父さんが「楽しい」と思えると心が解放されてフラットな関係が築けて、安心して学ぶ方にベクトルが向かいます。

そもそも友達同士は最初から関係がフラットなので、平気で「バカじゃないの」「なんでできないの?」と口にしますが、あくまで対等な関係なので負けん気が生まれて学びとしてはポジティブな行動を起こすことが多いです。

「絶対にできるようになってやる」

一度は泣いてしまうかもしれませんし、精神的に落ち込んでしまうかもしれませんが、そういうふうにネガティブな心になっても必ず浮上してポジティブな心に転換していきます。

これがフラットな関係です。また、フラットな関係だから手を差し伸べてくれる子も現れたりします。そういうことが自然にできるのも友達関係の良さとも言えます。親子だと、どうしても気づいたらお母さんやお父さんが上下関係を作りがちです。しかし、上下関係が働くと、子どもは主体的に学ぶ芽が育ちにくいのです。

実は、これは大人の世界での上下関係も同じです。上司が部下に対してフラットな関係を築いたほうが力を引き出しやすいことは、今やビジネス界隈では当たり前の話です。大人同士のミーティングであっても、昨今ファシリテーション能力が必要だとうたわれるようになったのは、相手のアイデアを引き出したり、プロジェクト仲間が力を発揮しやすい環境を作ったり、つまり相手の〝良さ〟を引き出し、自分たちが結果を出すことにつながっているからです。すごく簡潔に言うと、フラットな人間関係を作ることが非認知能力を学ぶうえで最初に手をつけるべき〝場づくり〟です。

本書は、子どもが自然あそびを通して非認知能力を身につけるために大人ができることをまとめたものです。子どもとの関係が今どの段階なのか、今どんな働きかけをする必要があるのか……そういうことを自分なりに的確に診断し、適切な場づくりに役立ててもらえたらうれしく思います。

おわりに

地球は温暖化が進み、異常気象を起因にさまざまなことが起きています。また、世界では経済破綻や貧困や差別、未知のウイルスなどの問題があり、人はそれらと向き合いながら生きています。その一方で、テクノロジーは進み、インターネットが普及してから、世界は人と人との感覚的な距離感が縮み、コミュニケーションの方法や仕事のやり方、そしてこれからの未来に必要とされる人間の能力は、大きく変わろうとしています。

未来を予測するのが難しい現代社会の流れの中で生きていくためには、目の前で起きた出来事に対して、自らの持つ能力をフル活用して仲間と手を取りながら解決していかなくてはなりません。これは世界共通のキーワードです。

いま日本に目を向けると〝高学歴ニート〟といった言葉が生まれるくらい、学力は非常に高いのにその力を世間に還元する方法を見つけられなかったり、社会に出ても人と人、社会とのつながり方を見出せず、社会との関係性を閉ざしてしまう人も出てきています。これは決して本人や親、学校教育だけが悪いのではなく、歴史そのものがそうなるべくして進んでしまった結果だと、私は考えています。

これまでは〝生きる力を育む〟ことが大切だったのに、リアルタイムで変化する現代は〝生き抜く力〟が重要になってきています。ただ〝生き抜く〟というのはとても難しく、一時的な解決方法を見つけてクリアしてもダメで、その都度起きるハプニングに常に対応しつつ、失敗を繰り返しながら解決し続けなければなりません。本書には、〝非認知能力〟というキーワードでそのような内容を執筆しています。

この本を手にとってくださった皆様と、少しでも未来がおもしろくなっていくような場づくりができればうれしく思います。

最後に、この本を出版するためにご尽力いただいた皆様、そしてさまざまな研究をさせていただいたアウトドアイベントの参加者の方々、幼稚園、保育園、こども園の方々に心から感謝いたします。もし本書の内容をもっと知りたい、現場で試したことをシェアしたいと思ってくださる方がいらっしゃれば遠慮なく、私のSNSやブログなどを通じて直接メッセージをいただければ幸いです。

2020年7月

長谷部　雅一

[著者プロフィール]

長谷部 雅一

（はせべ・まさかず）

1977年埼玉県生まれ。有限会社ビーネイチャー取締役であり、アウトドアプロデューサー。2000年から2001年の世紀をまたぐ時期に丸一年かけての世界一周の旅をする。7000メートル級の山からパタゴニアの大地、シンプルな営みの国から先進国まで、自然と人、そして文化にふれあう。現在も長期の休みを取り、世界中のさまざまな秘境へ旅に出かけている。仕事はアウトドア系プロジェクトの企画・運営のほか、研修講師、ネイチャーインタープリター、登山ガイドなども務める。親子や子ども向けの自然体験プログラムは、幼児施設で子どもの非認知能力を育むための年間プログラムを展開したり、ナイフと焚き火をメインにしたプリミティブなキャンプの方法を伝え続けている。著書に『ネイチャーエデュケーション』（みくに出版）、『自作キャンプアイテム教本』（グラフィック社）、『ブッシュクラフト読本』（メイツユニバーサルコンテンツ）、『いちばんやさしいキャンプ入門』（新星出版社）など。

ブックデザイン	二ノ宮 匡
DTP	松浦 竜矢
構成	木之下 潤
カバーイラスト	小林 あきこ
本文イラスト	B・B・スプラウト
校正	一木 大治朗
写真	松岡 健三郎
写真協力	認定こども園 正和幼稚園
編集	吉村 洋人

自然あそびで
子どもの非認知能力が育つ

2020年（令和２）７月15日　初版第１刷発行

著　者　　長谷部 雅一
発行者　　錦織 圭之介
発行所　　株式会社 東洋館出版社
〒113-0021　東京都文京区本駒込５－16－７
営業部　TEL 03-3823-9206 ／ FAX 03-3823-9208
編集部　TEL 03-3823-9207 ／ FAX 03-3823-9209

振替　00180-7-96823
URL　http://www.toyokan.co.jp
http://www.toyokanbooks.com

印刷・製本　岩岡印刷株式会社
ISBN　978-4-491-03976-3 ／ Printed in Japan

理科の授業を形づくるもの

著：鳴川 哲也　定価：1,800円（＋税）

「理科とはどのような教科なのか」「理科を通じてどのような子どもの『資質・能力』が育まれるのか」「『自然に親しむ』とはどういうことか」など、「理科」のおもしろさ、「授業づくり」のたのしさが、ぎゅっと詰まった理科授業のバイブル。